JN202239

簡単なものから大作まで！

かわいい＆かっこいい立体折り紙

カラフルしゅりけん、ちょうちょ、スズメ、ドラゴン……

はじめに

　折り紙といえば、まず思いうかべるのは折リヅルや紙飛行機のような、簡単な作品かもしれません。

　しかし、折り紙の世界はとても広く、深いものです。紙を折るだけなのに、たくさんの形を作ることができるのです。

　この本では、折り紙がはじめての人も、難しい折り紙に挑戦したい人も楽しめるように、いろいろな作品を紹介します。

　たとえば、色とりどりのしゅりけんは、簡単な作り方ですが、色を組みあわせることで、自分だけのデザインを作れます。

　また、スズメやコウモリの折り紙は、ちょっとした工夫で、本物のような形に近づけることができます。

　さらに、ヒョウやドラゴンのような折り紙は、折り紙のすごさをたっぷり楽しめる作品です。

　折り紙の世界を知ると、その面白さにどんどん引きこまれるはずです。

　この本を読んで、新しい折り紙の楽しさを見つけて、ぜひ自分だけのすてきな作品を作ってみてください。

I/O 編集部

目　次

第1章 アレンジしゅりけん

昔から作り方が伝わっている折り紙を「伝承折り紙」といいます。
ここでは伝承折り紙の「しゅりけん」をアレンジした
オシャレなしゅりけんの折り方を説明します。

筆者	●山口智之
サイト名	●折り紙へ続く道
記事名	●模様手裏剣（伝承作品の手裏剣をお洒落にアレンジ）
URL	●https://www.youtaiyamaguchi.com/2021-04-18-171032/

1-1
しゅりけんをオシャレにアレンジ

伝承折り紙の「しゅりけん」のアレンジです。
まずは完成形を見てみてください。

アレンジしゅりけん

作品名は、

> 左上：太中染(ふとなかぞめ)
> 右上：中染(なかぞめ)
> 左下：細中染(ほそなかぞめ)
> 右下：糸中染(いとなかぞめ)

と、命名しました。

　同じ折り方でいろいろなアレンジができます（この章の最後で説明します）。

いろいろなアレンジ

1-2
太中染

それでは太中染の折り方です。
正方形（せいほうけい）を半分（はんぶん）にした長方形（ちょうほうけい）の紙（かみ）で折ります。

紙は長方形のものを使う

9

手順
太中染を折る

1 4等分に折る

長い辺を上にして上から山折り⇒谷折り⇒山折りの順で折る

4等分に折る

2 外側を半分に谷折り

外側を折る

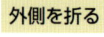

3 中心線をつまんで折る

中心線をつまんで「白」と「色」の間に合わせます

↓

中心の折り目が白い部分の下にくるように谷折り

4 裏返す

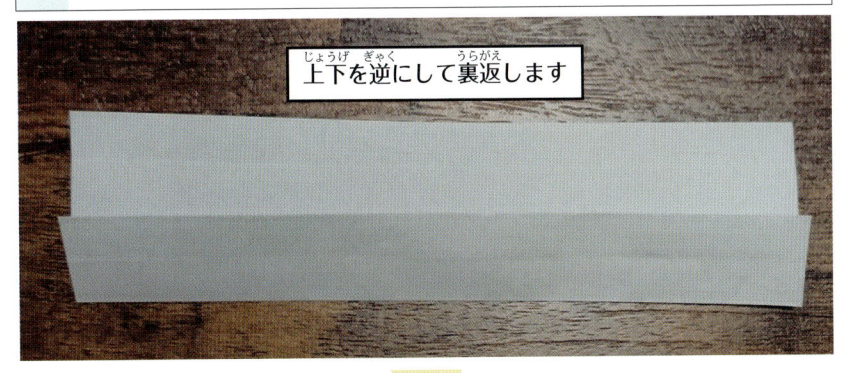

上下を逆にして裏返します

裏返す

5 両端を折る

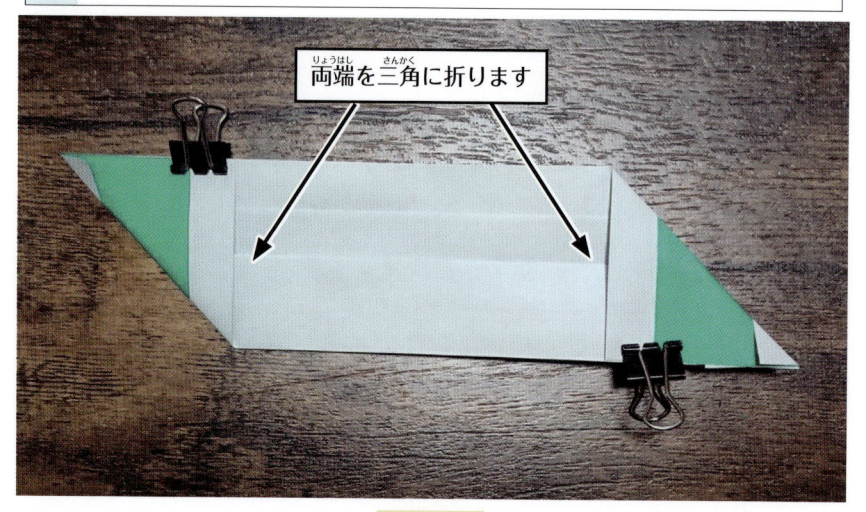

両端を三角に折ります

両端を折る

6 左端を折る

左端を下にもっていくように折ります

左端を折る

7 裏返す

左右を逆にして裏返します

裏返す

8 下の端を折る

下の端を右側にもっていく
ように折ります

下の端を折る

9　同じパーツを作る

左右を逆にした折り方で、同じパーツをもう一つ作ります

同じパーツを作る

10　パーツを重ねる

パーツを重ねる

11 カドに挿しこむ

カドを隙間に挿しこみます

カドに矢印の先の隙間に挿しこむ

12 裏返す

左右を逆にして裏返します

裏返す

13 完成

カドを隙間に挿しこんで
完成です

太中染の完成

手順[5]までの折り図です。
点線が谷折りする折り目で、普通の線が山折りにする折り目です。

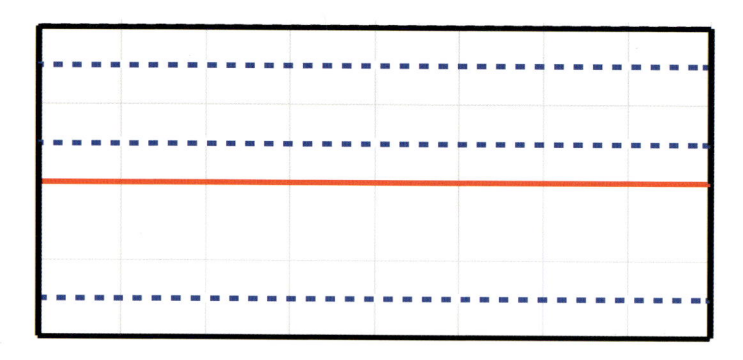

手順[5]までの折り図

　ここからは折り図で折り方を説明するところがありますが、そのときも点線が谷折りする折り目で、普通の線が山折りにする折り目を表わします。

1-3
中染

　中染は正方形を半分にして6等分に折った長方形の紙で折ります。

　等分するやり方は下記の記事を参考にしてください（本章の最後に記事のQRコードがあります）。

一辺を3等分、5等分、7等分する方法
https://www.youtaiyamaguchi.com/2020-01-22-213141/

手順
中染の折り方

1　折り図の通りに折る

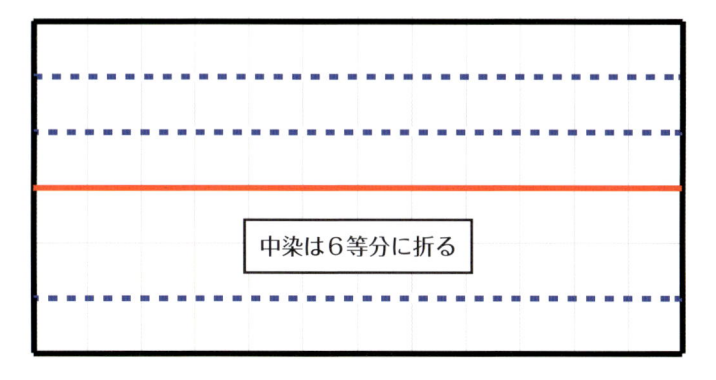

中染は6等分に折る

中染の折り図

2 あとの折り方は太中染と同じ

折り図の通りに折るとこうなります

このあとは太中染と同じように折る

3 中染の完成

完成

1-4
細中染

正方形を半分にした長方形の紙を16等分して折ります。

手順
細中染の折り方

1 折り図の通りに折る

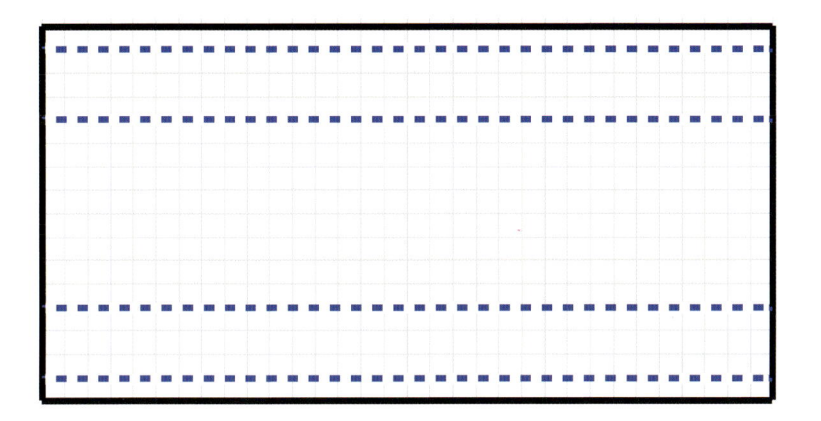

細中染の折り図

2 あとの折り方は太中染と同じ

このあとは太中染と同じように折る

3　細中染の完成

完成

1-5
糸中染

正方形を半分にした長方形の紙を 32 等分して折ります。

手順
糸中染の折り方

1 折り図の通りに折る

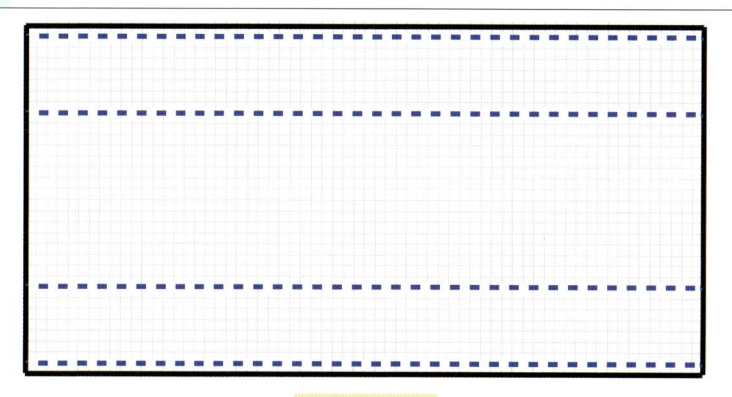

糸中染の折り図

2 あとの折り方は太中染と同じ

このあとは太中染と同じように折る

3 糸中染の完成

完成

1-6
反転折り

紙の表と裏を逆にして折ると、このようになります。

表と裏を逆にして（反転させて）折った

1-7
組み合わせのパターン

　紙の表裏と折り方の組み合わせのパターンを表にしました。全部で36通りあります。

紙の表裏と折り方の組み合わせ

	太表	中表	細表	糸表	太裏	中裏	細裏	糸裏
太表	○							
中表	○	○						
細表	○	○	○					
糸表	○	○	○	○				
太裏	○	○	○	○	○			
中裏	○	○	○	○	○	○		
細裏	○	○	○	○	○	○	○	
糸裏	○	○	○	○	○	○	○	○

　また、色の組み合わせを変えればバリエーションは無限です。
　たとえば、次の写真は「表パーツ」と「裏パーツ」の組み合わせです。

「表パーツ」と「裏パーツ」の組み合わせ

折り方・紙の表裏・色を、それぞれバラバラに組み合わせてみました。

バラバラな組み合わせ

ほかの組み合わせも、いろいろ試してみてください。

作品情報

作品名	模様手裏剣／中染
折り方	1対2の長方形2枚複合
創作・折り手	山口智之

折っている途中の動画もあります。参考にしてみてください。

模様手裏剣／中染
https://youtu.be/XChOJ6VUV5Y?si=t6U3ZONnzvMKyWTD

一辺を3等分、5等分、7等分する方法
https://www.youtaiyamaguchi.com/2020-01-22-213141/

第2章

ちょうちょ

伝承作品の「ちょうちょ」です。
入学シーズンなど、春の飾りに使えます。

筆者	●おりがみの時間
サイト名	●おりがみの時間
記事名	●ちょうちょ(伝承)
URL	●https://origaminojikan.com/22462/3#id_4136

2-1
立体的なちょうちょ

　このちょうちょは見たり折ったりしたことのある方も多いのではないでしょうか？
　羽根が少し浮いて立体的なちょうちょなので、たくさん作って並べると、ちょうちょの群れが羽ばたいているようできれいですね。

ちょうちょ

2-2
ちょうちょを折る

それでは、折り方を解説します。

ちょうちょの折り方

1 点線で半分にして折りすじをつける

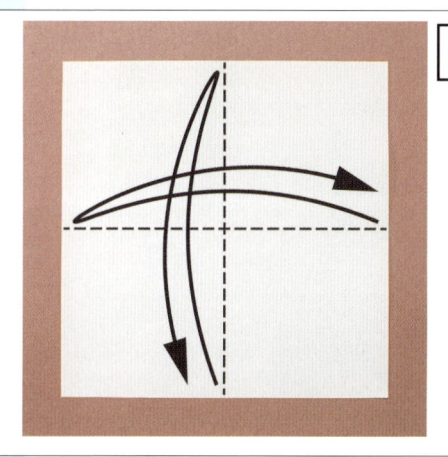

折り紙の白い面を上にして置く

十字に折りすじをつける

2 点線で半分にして折りすじをつける

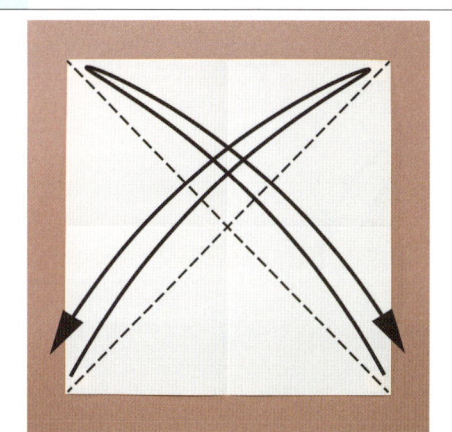

×の字に折りすじをつける

29

3 　裏返す

4 　カドを真ん中の点に合わせるようにして折りすじをつける

折りすじをつける

5 裏返す

6 左右の端を真ん中の線に合わせるように点線で折る

このように折る

7 折りすじにそってカドを開く

8 右も同じように開く

9 つぶすように折る

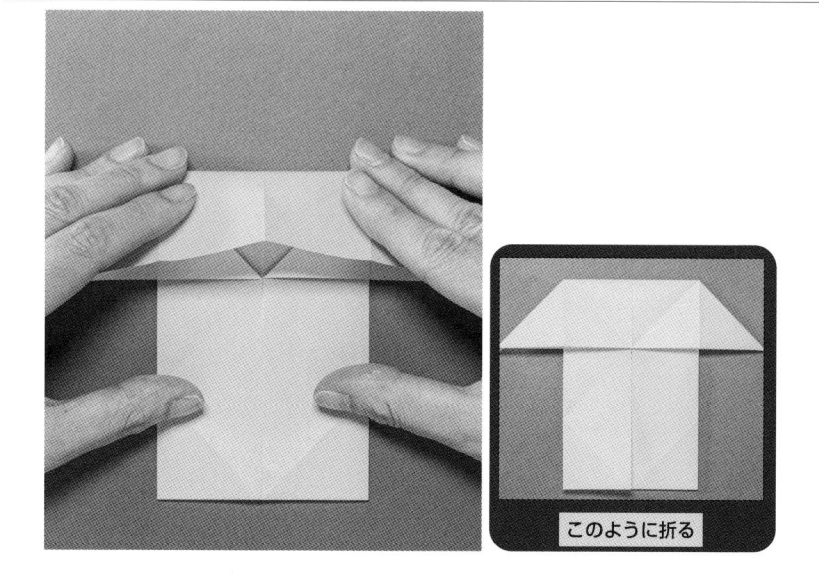

このように折る

10 反対側も同じように折る

11 点線で折る

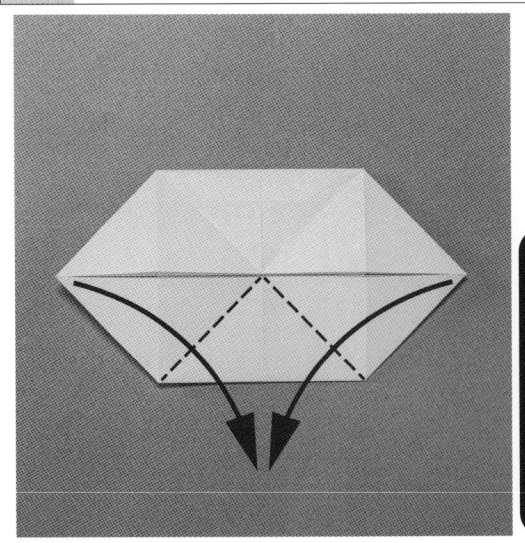

折るとこうなる

12 点線で後ろに折る

13 点線で折る

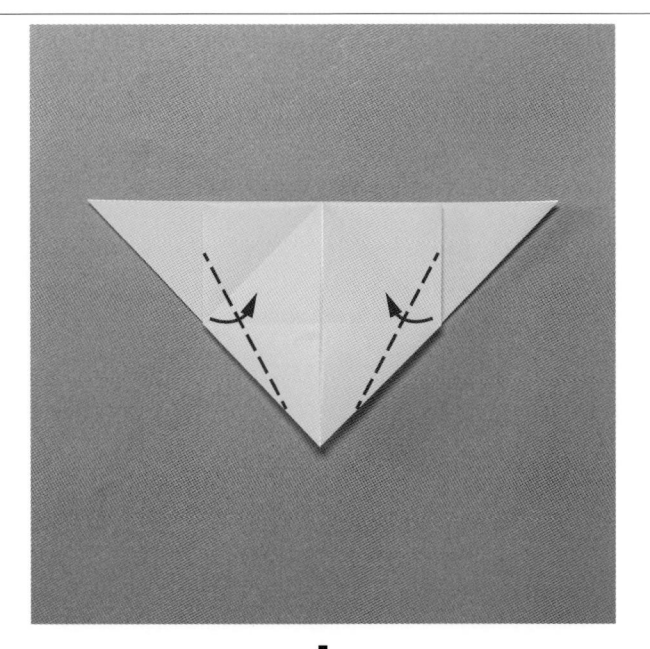

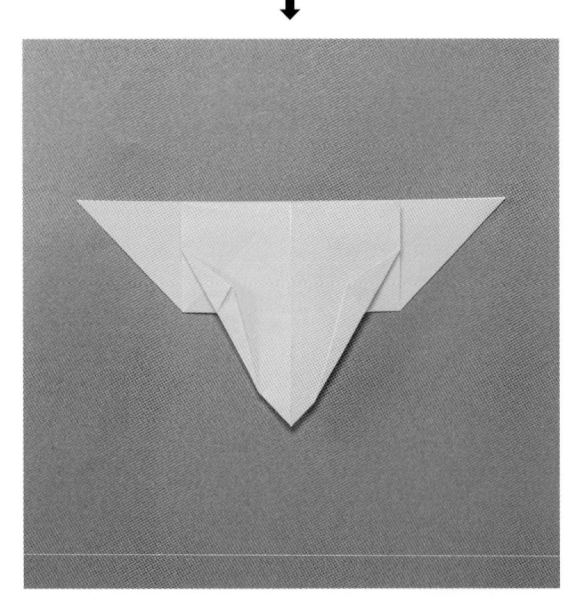

14 点線で半分に折る

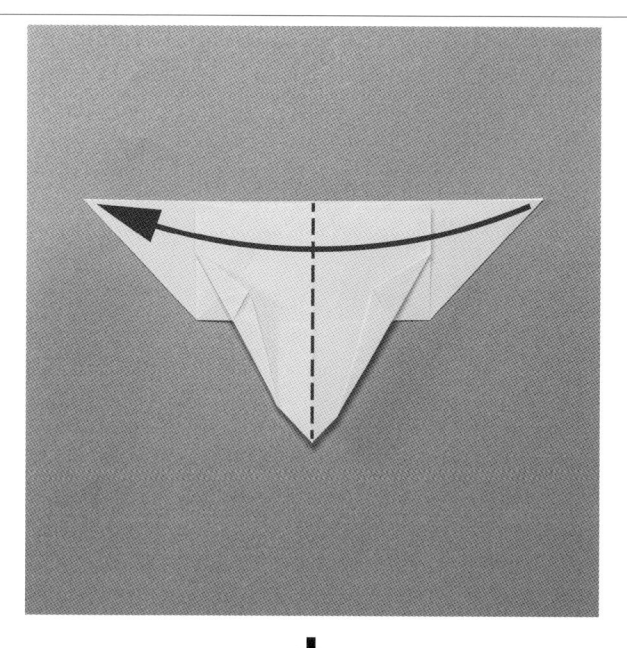

15 上の1枚だけ、点線でななめに折る

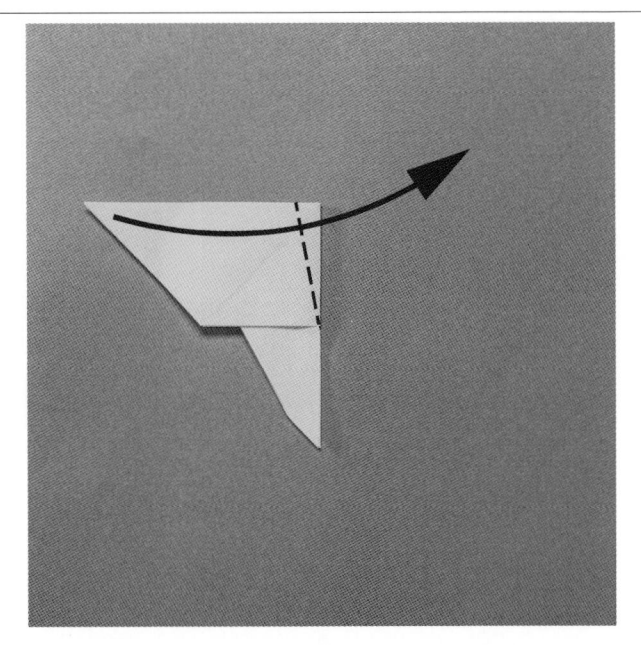

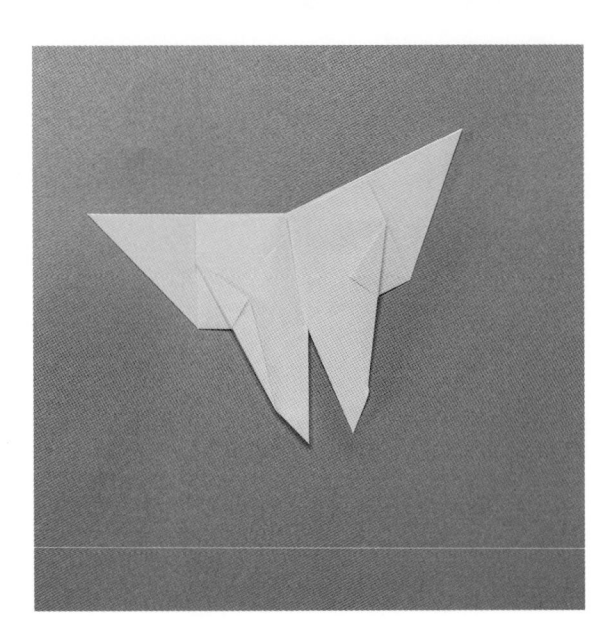

16 裏返す

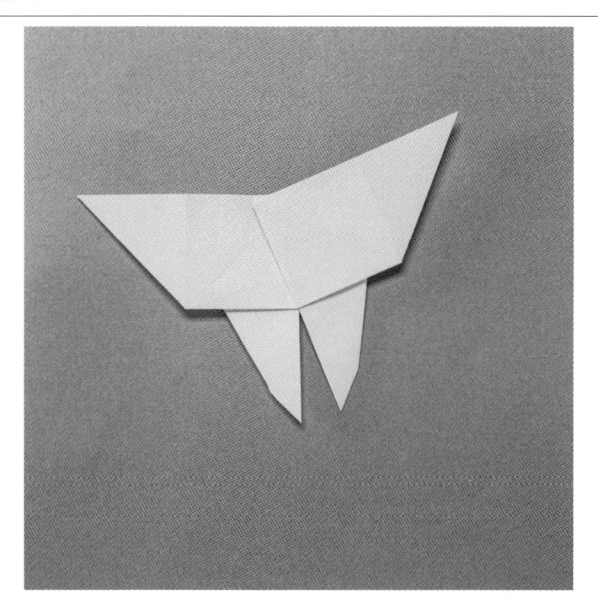

17 カドとカドを合わせるように点線で折る

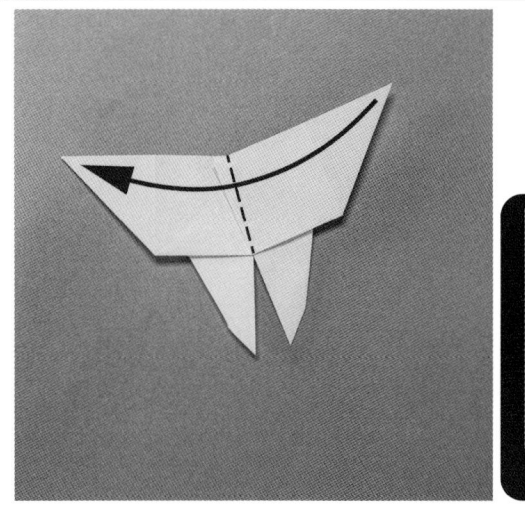

折るとこうなる

2-3
ちょうちょの完成

羽根を広げて、形を整えたら、ちょうちょの完成です。

完成したちょうちょ

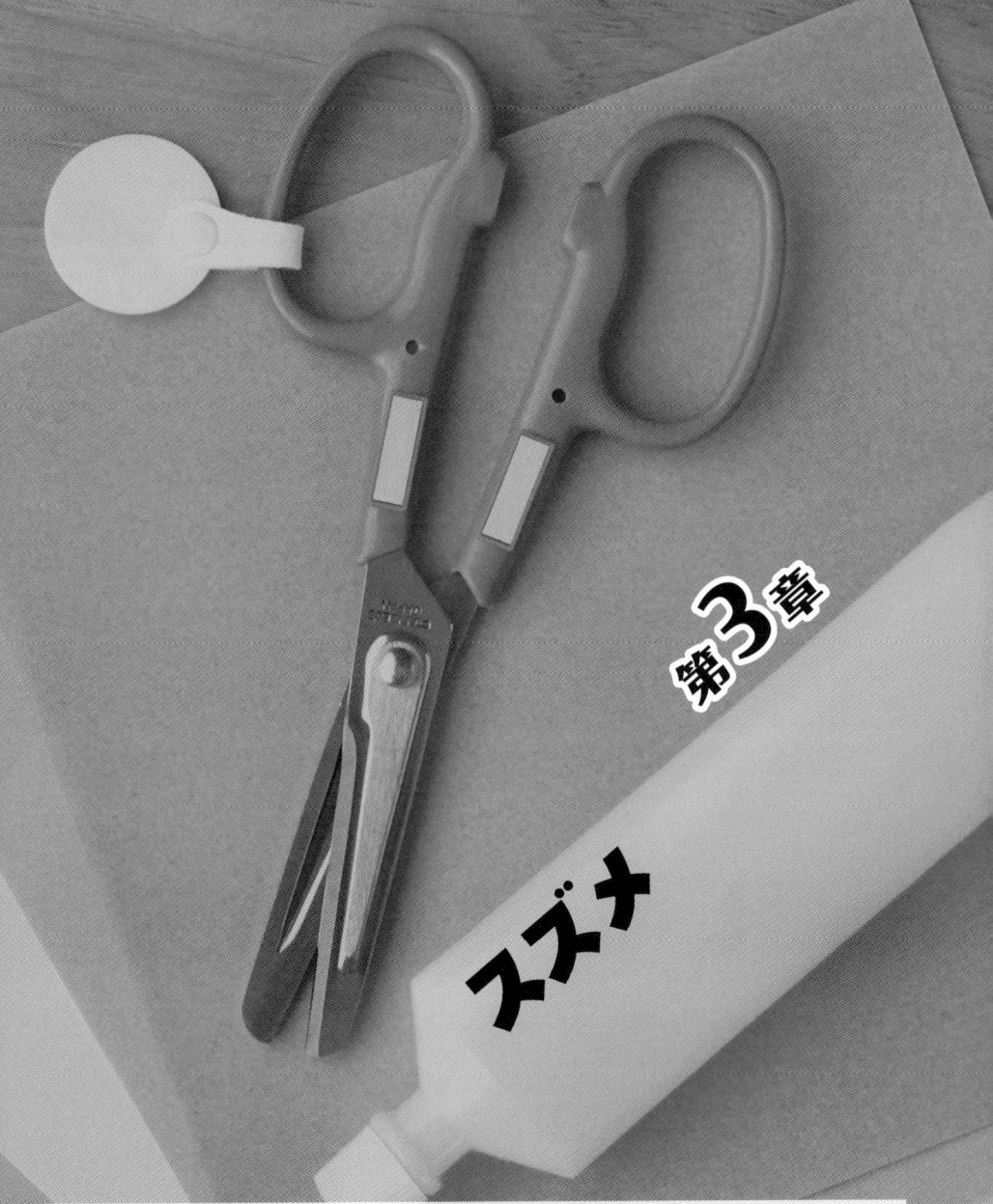

第3章

スズメ

ここでは、立体的な折り紙の「スズメ」の折り方を紹介します。
初めて折る方でも完成させられるように、丁寧に説明しています。
折り紙を用意して、いっしょに折ってみてください。

筆者	●山口智之
サイト名	●折り紙へ続く道
記事名	●【簡単・折り紙・動物】スズメ
URL	●https://www.youtaiyamaguchi.com/2022-09-12-195159/

3-1
スズメを折る前に

折る前にまずは、完成形を見てみてください。

スズメ

　用意するものは、15 × 15cmの折り紙(市販されている普通の折り紙)が1枚です。

　それでは、折リ方を見てみましょう。

3-2
スズメの折り方

手順
スズメを折る（前編）

1 上下のカドとカドを合わせる

2 左右のカドとカドを合わせる

3 紙の向きを変える

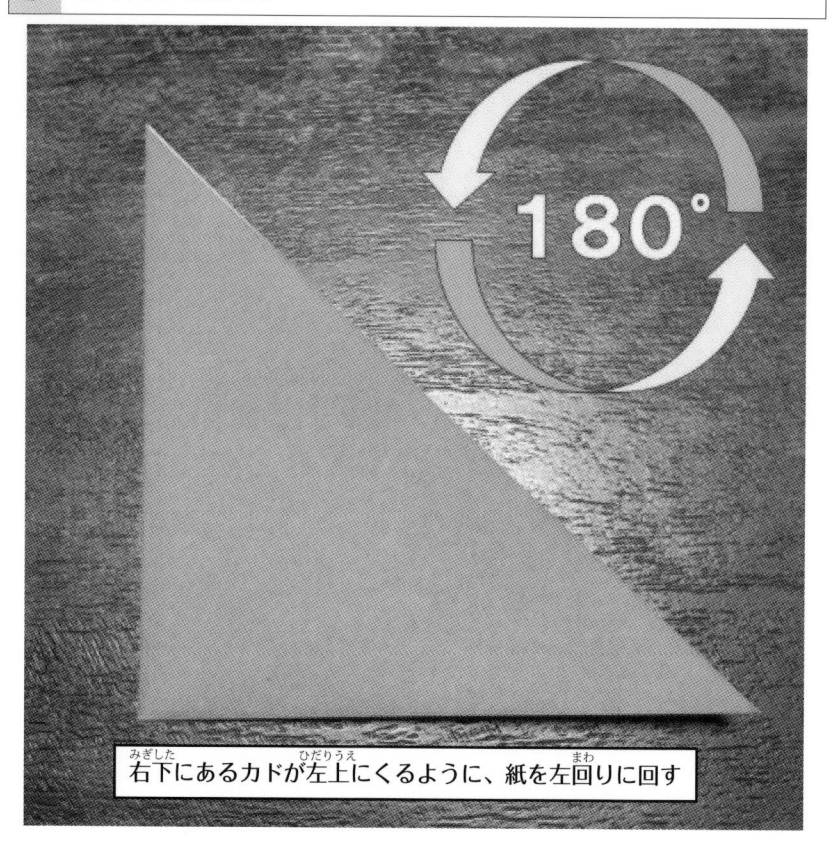

右下にあるカドが左上にくるように、紙を左回りに回す

4 広げてつぶす

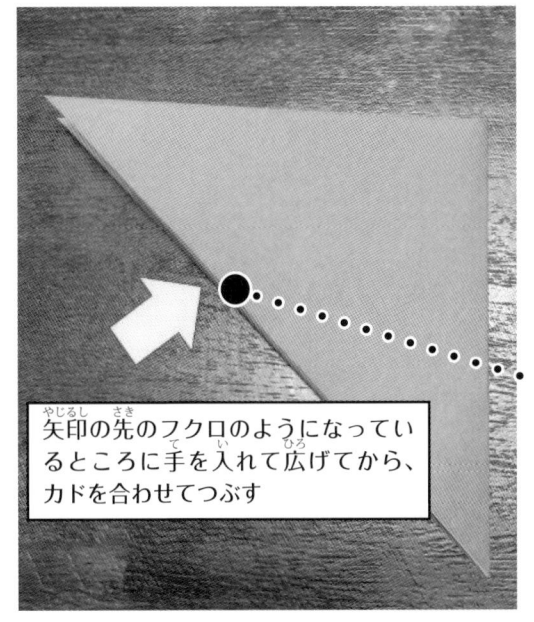

矢印の先のフクロのようになっているところに手を入れて広げてから、カドを合わせてつぶす

広げているところ

5 [4]を裏返し、広げてつぶす

[4]と同じように広げてから、つぶす

6 フチを真ん中の線に合わせて折る

7 [6]を裏返す

8 フチを真ん中の線に合わせて折る

9 ○を基準にカドを折り下げる

10 [6]の状態に戻す

カドを折り下げてから[6]の状態に戻す

11 フクロのようになっているところを開く

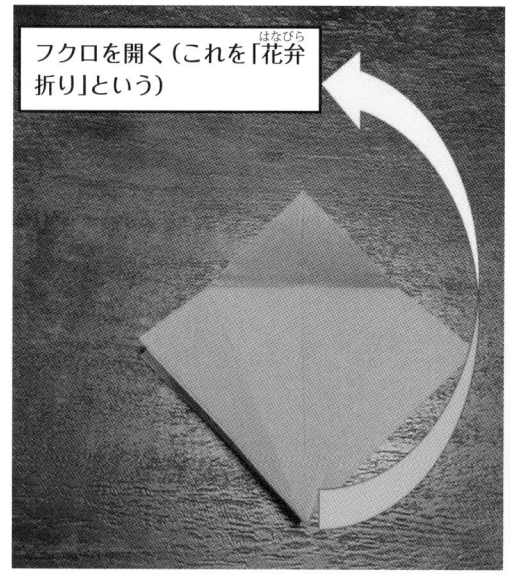

フクロを開く(これを「花弁折り」という)

開いているところ

12 裏返して花弁折り

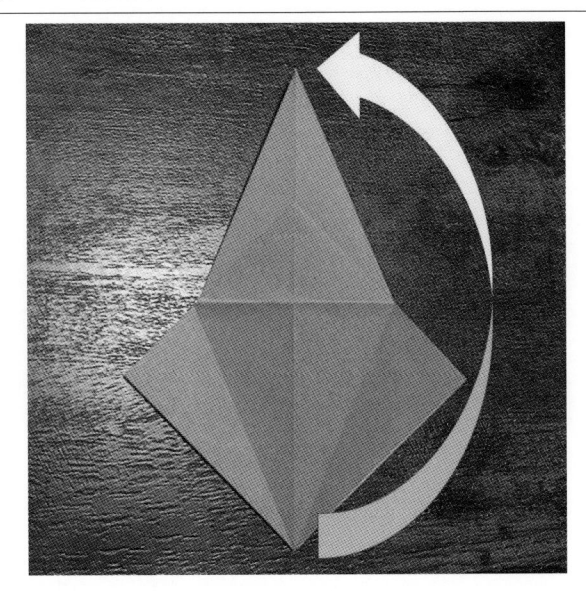

13 手前のカドを折り下げる

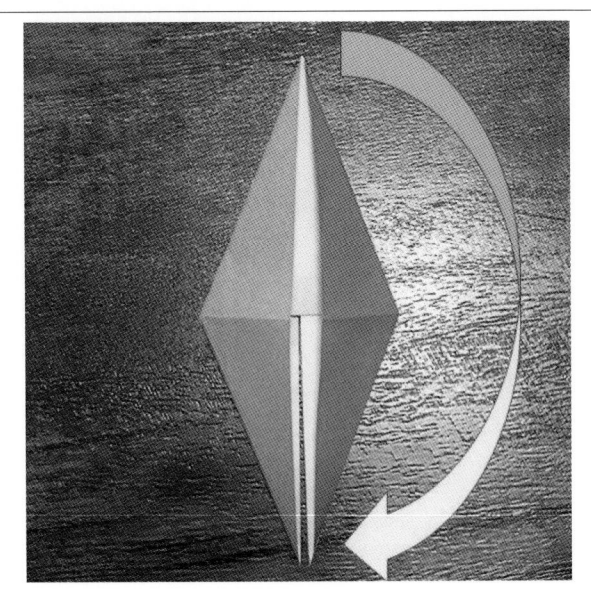

14 [13]を裏返してカドを向こう側に折る

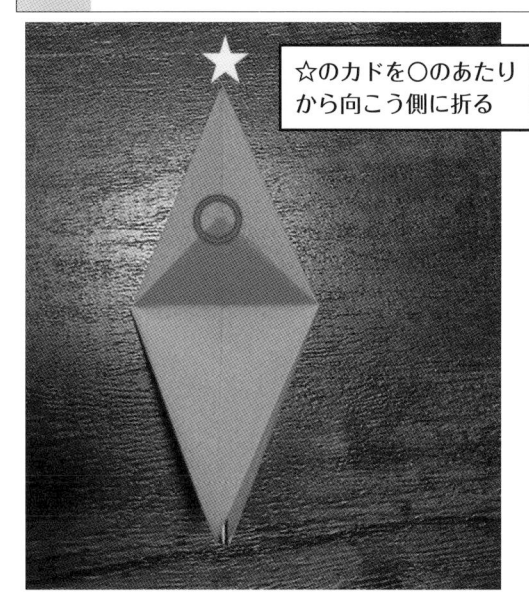

☆のカドを○のあたり
から向こう側に折る

折った状態

15 裏返してカドを上に上げる

16 ○のあたりに強く折り線をつけてからカドを戻す

17 半分に折る

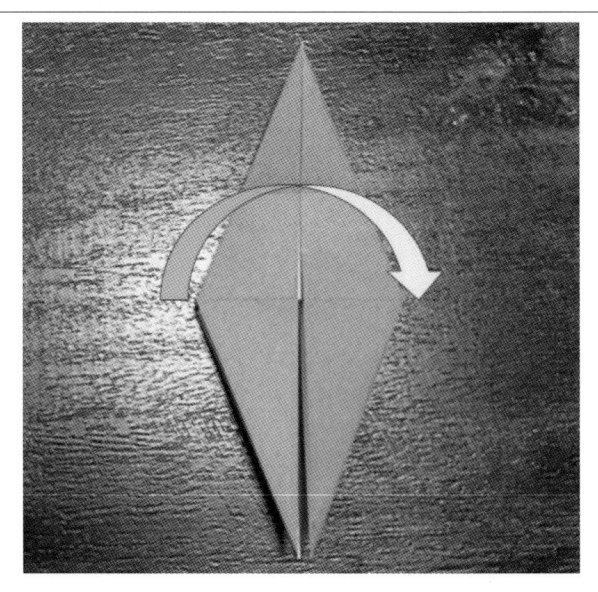

18 矢印の線にフチを合わせる

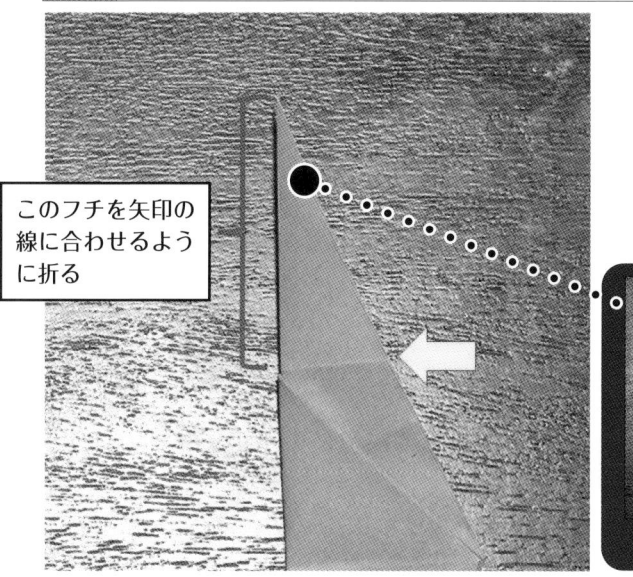

このフチを矢印の線に合わせるように折る

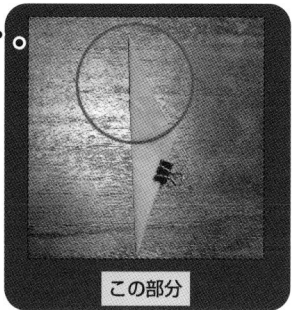

この部分

19 カドを戻す

20 開く

21 折り線を谷折りにしながらカドの先の部分を開く

2枚重なったうちの手前の紙だけを谷折りにする

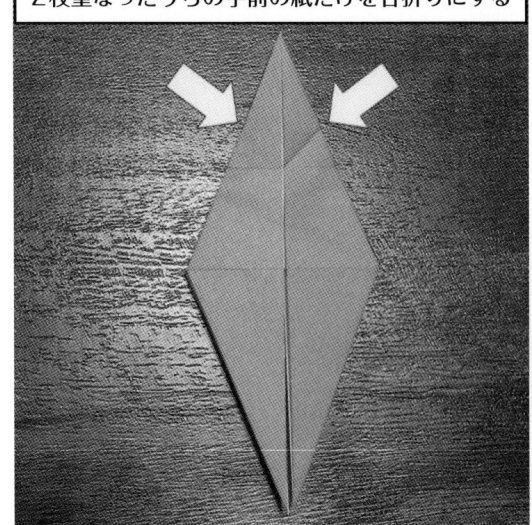

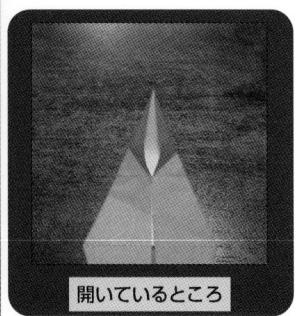
開いているところ

22 [13]でつけた線で折り返す

23 カドを折り上げる

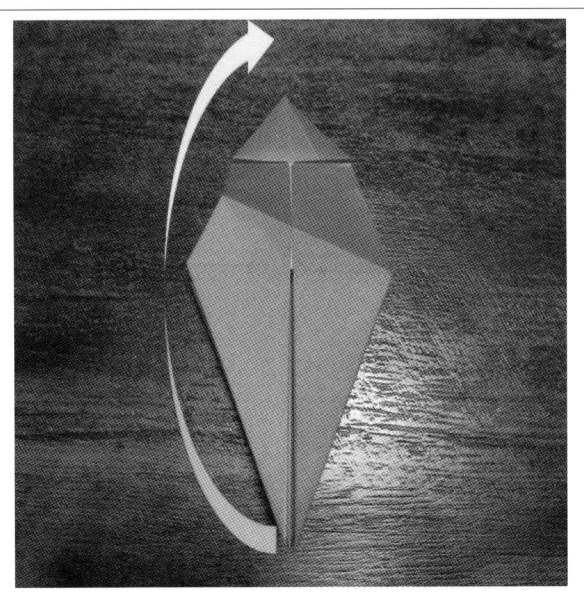

24 ○の位置からカドを折り下げる

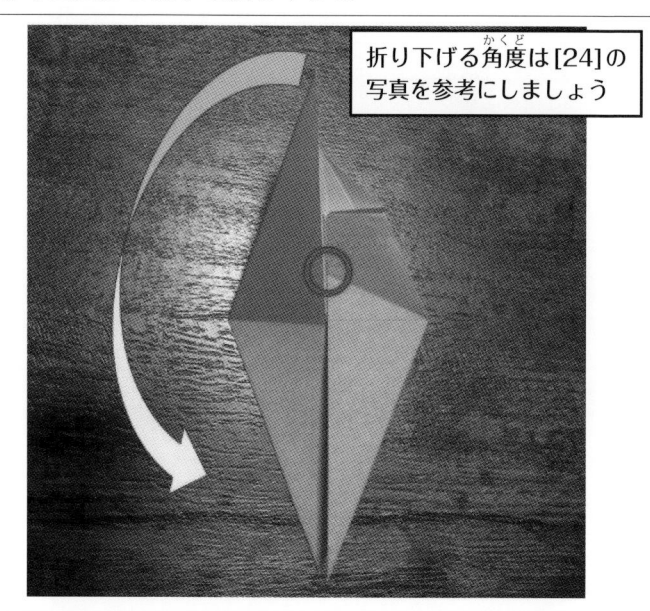

折り下げる角度は[24]の
写真を参考にしましょう

25 反対側も同じように折る

26 裏返す

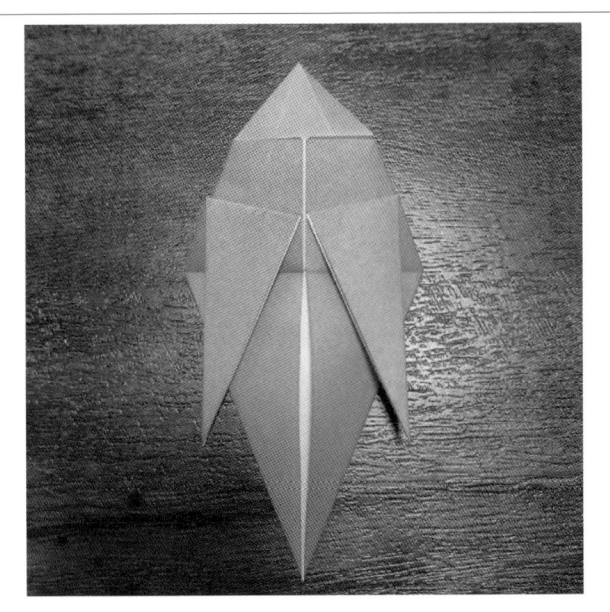

　そろそろスズメの形が見えてきたのではないでしょうか。ここから
どんどんスズメらしくなっていきます。

手順
スズメを折る（後編）

1 カドを折り下げる

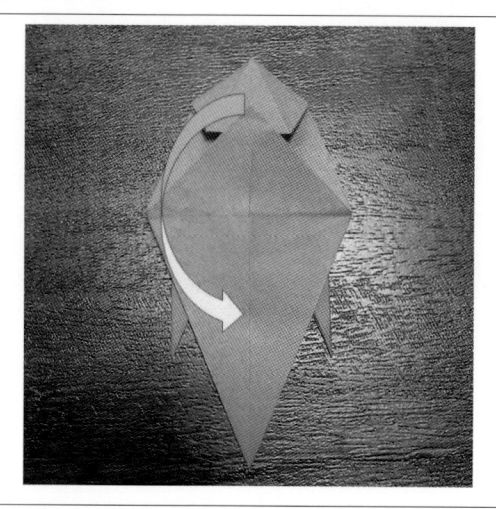

2 カドを折り上げる

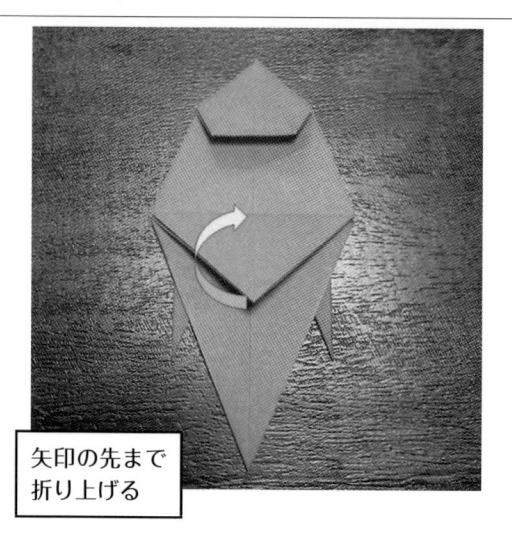

矢印の先まで
折り上げる

3 折り線をつけてカドを戻す

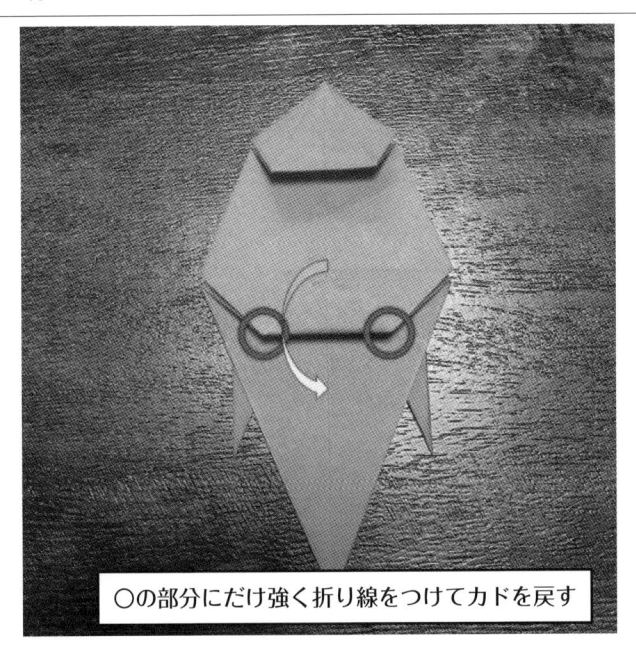

〇の部分にだけ強く折り線をつけてカドを戻す

4 〇と〇を結ぶ折り線をつける

折り線をつける

5 折り線を逆にしてカドを内側に折りこむ

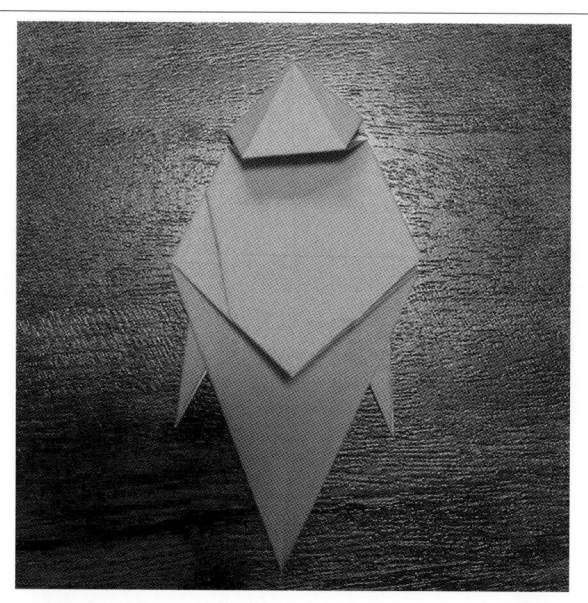

6 反対側も同じように折る

7 裏返して矢印部分をフチに合わせて折る

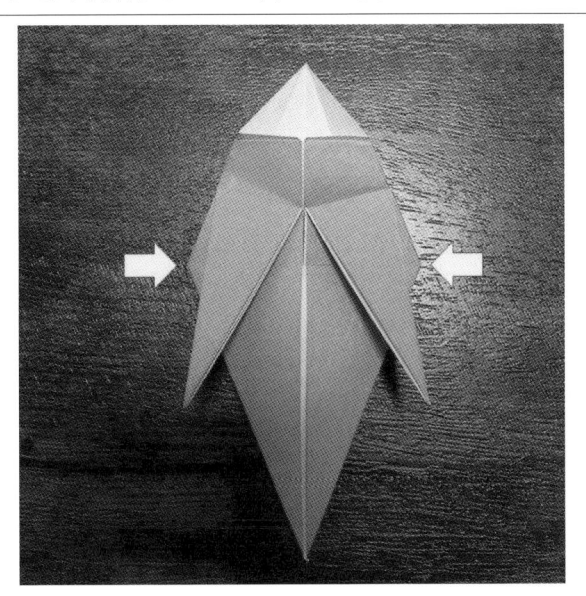

8 カドを折り上げる

9 カドを折り上げる

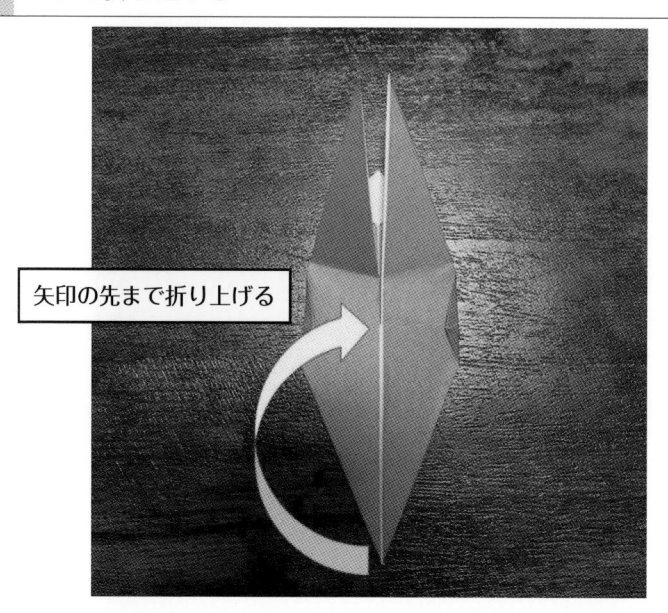

矢印の先まで折り上げる

10 カドを戻す

11 カドを線まで折り上げる

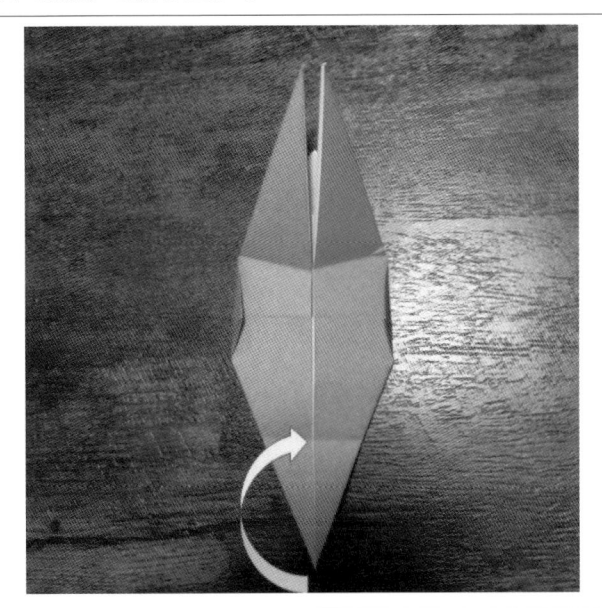

12 矢印部分のフチを真ん中の線に合わせて折る

13 フチを少し細くする

この辺りを折って幅を少し細くする　この辺りを折って幅を少し細くする

14 折り線でカドを折り下げる

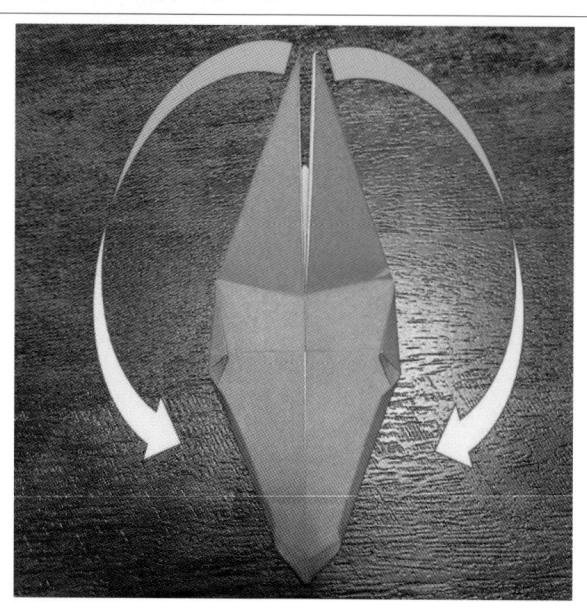

15 　真ん中から半分に折る

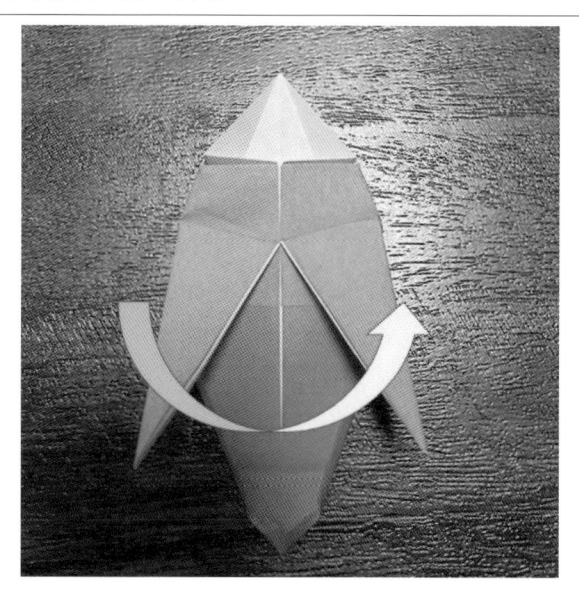

16 　カドの角度を変える

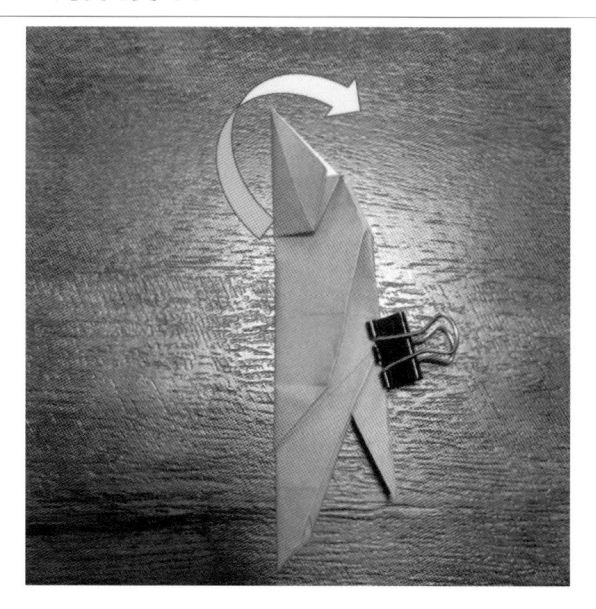

17 カドを折る

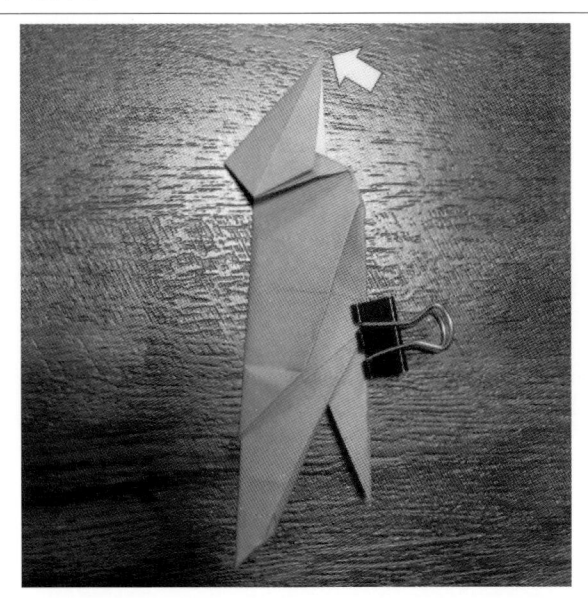

18 カドを折り返す

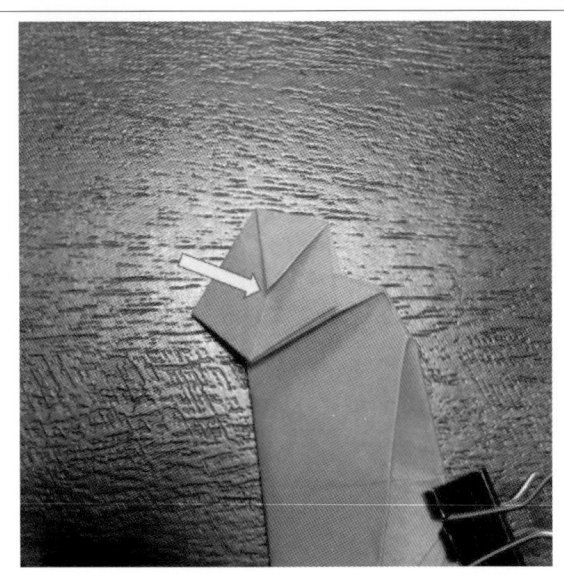

19 カドを戻す

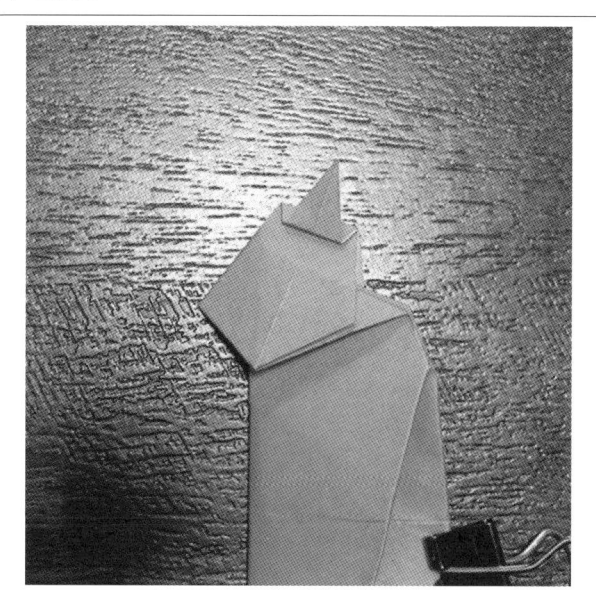

20 ついている線で内側に押しこむ

途中の写真

21 カドを折る

22 カドを戻す

23 「なかわり折り」で押しこむ

矢印の先の出っ張った山折りの部分を
谷折りに変えてへこませる

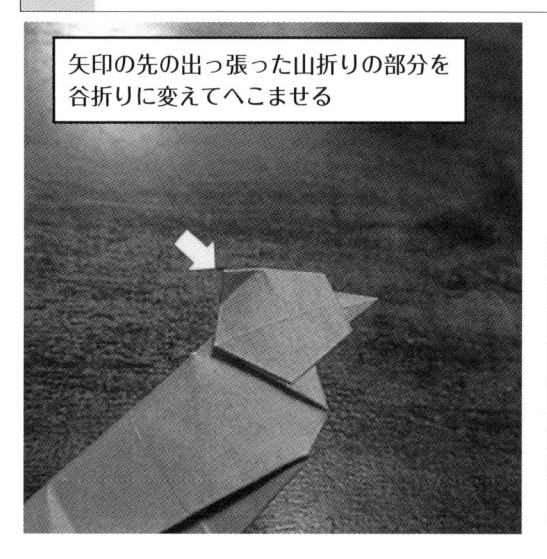

なかわり折り

24 カドを「なかわり折り」

25 これで完成

3-3
完成したスズメ

テーブルに置いてみましょう。支えがなくても立ちます。

この作品は、途中までは「ツル」と同じ折り方です。

作品情報

作品名	スズメ
折り方	不切正方形一枚
創作者	山口智之

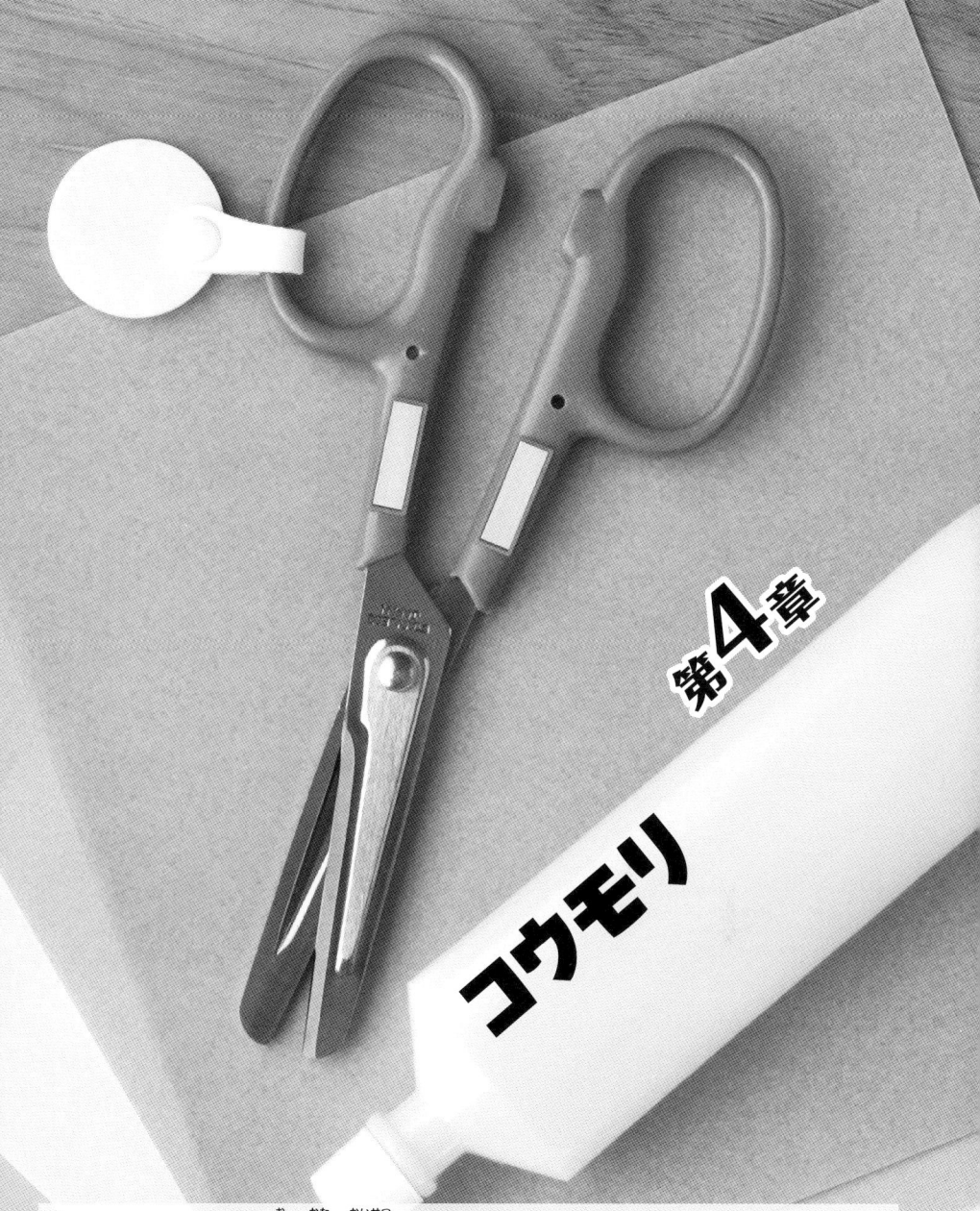

第4章

コウモリ

ここでは「コウモリ」の折り方を解説します。
途中まではツルと同じ折り方で折ることができます。

筆者	●山口智之
サイト名	●折り紙へ続く道
記事名	●【折り紙・折り方】コウモリの折り方
URL	●https://www.youtaiyamaguchi.com/2021-10-19-233457/

4-1
リアルな折り紙コウモリ

まずは、完成形を見てみてください。

コウモリ

　お店で売られている普通の折り紙(15 × 15cm)で折ることができるシンプルな作品です。

4-2
コウモリの折り方

それでは、折り方を解説します。
動画で折り方を見たい方は章末の動画を見てください。

手順
コウモリの折り方

1 「ツルの基本形」を折る

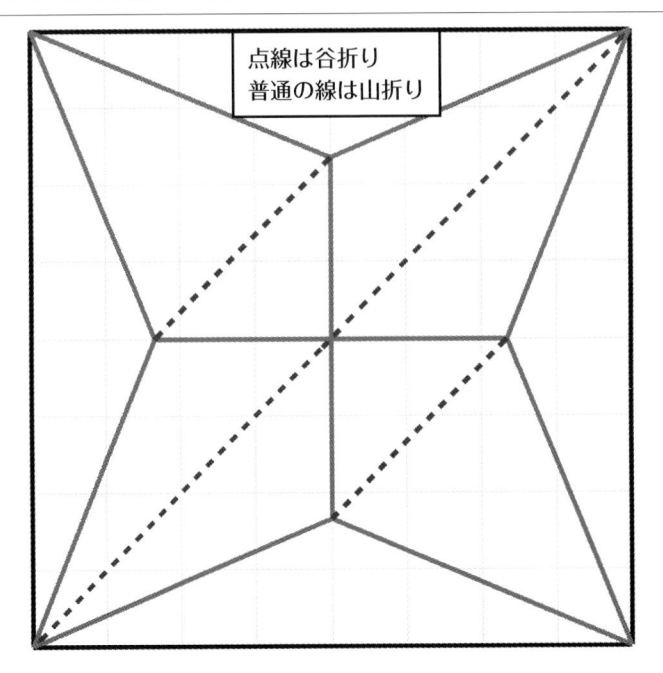

点線は谷折り
普通の線は山折り

※「ツルの基本形」は第3章のスズメを折る（前編）の手順[1]〜[13]で折れます。

2 手前のカドを折り下げる

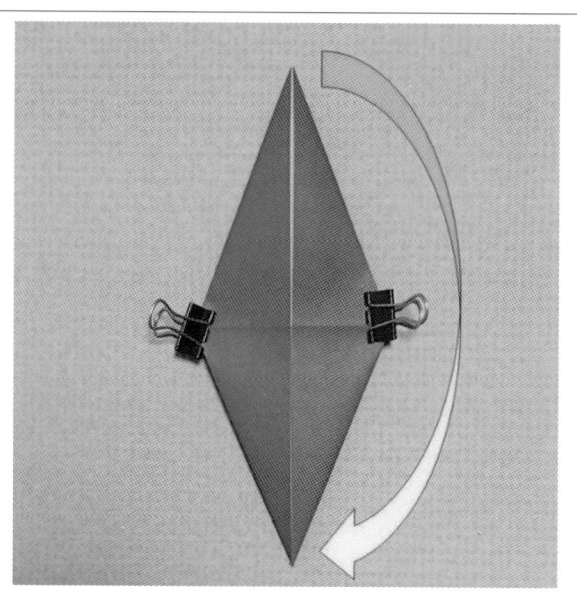

3 カドを折り返す

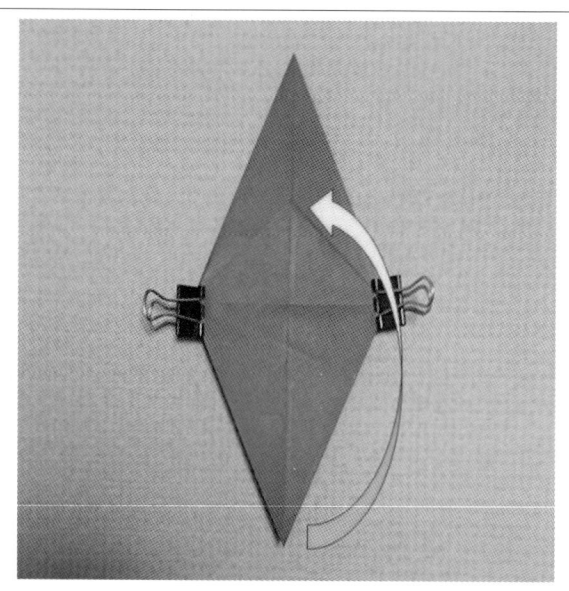

4 裏返す

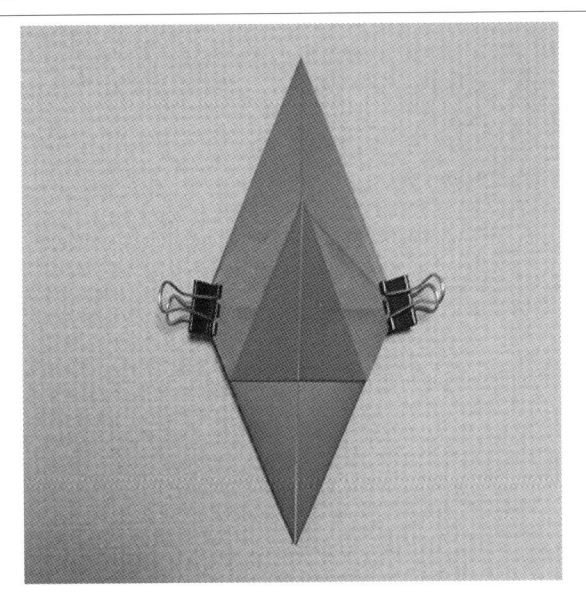

5 カドを真ん中の線に合わせる

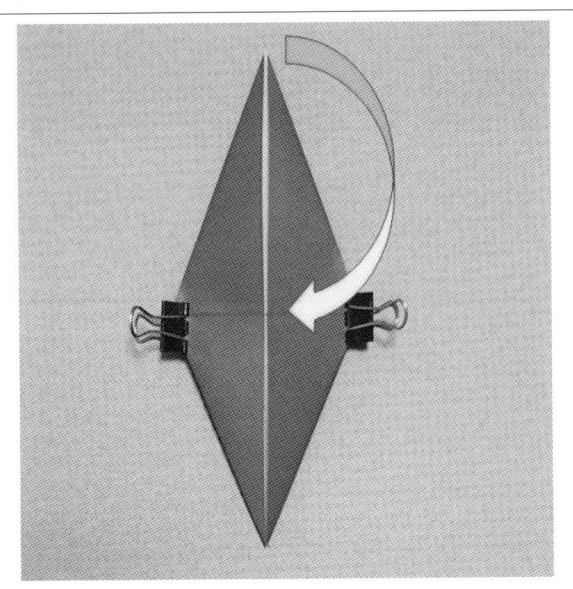

6 半開きにする

7 手順の[4][5]でつけた折り線を谷折りにする

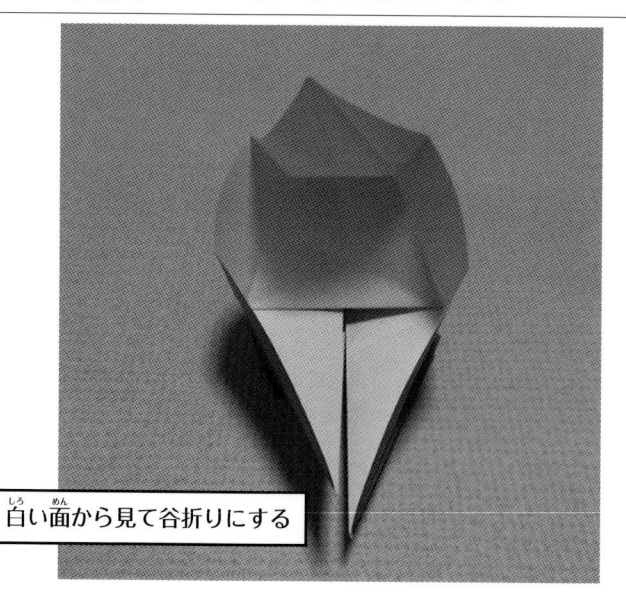

白い面から見て谷折りにする

8 閉じる

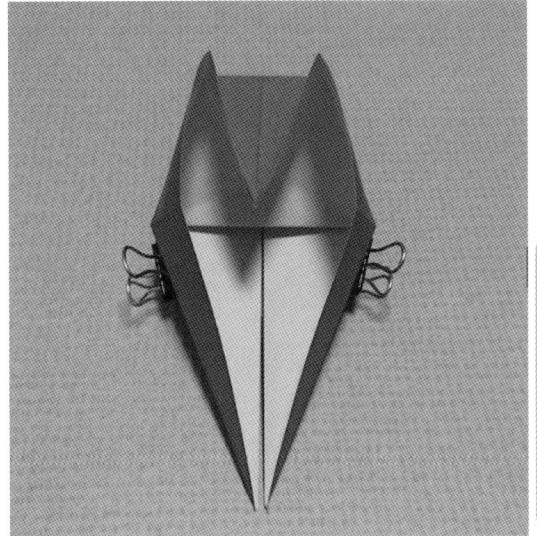

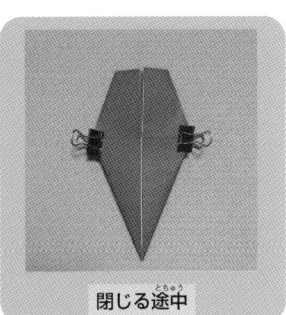

閉じる途中

9 裏返して上下を逆にし、カドの角度を変える

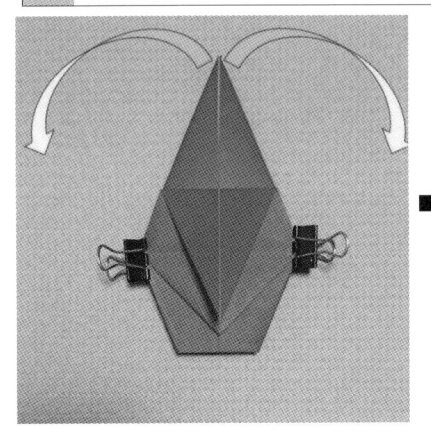

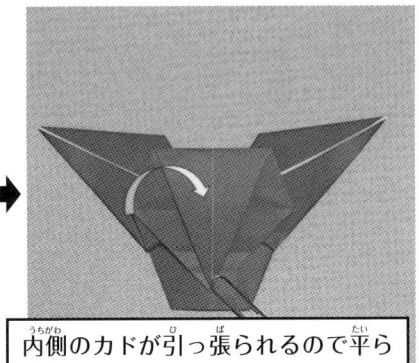

内側のカドが引っ張られるので平らになるようにつぶします

10 反対側も同じ

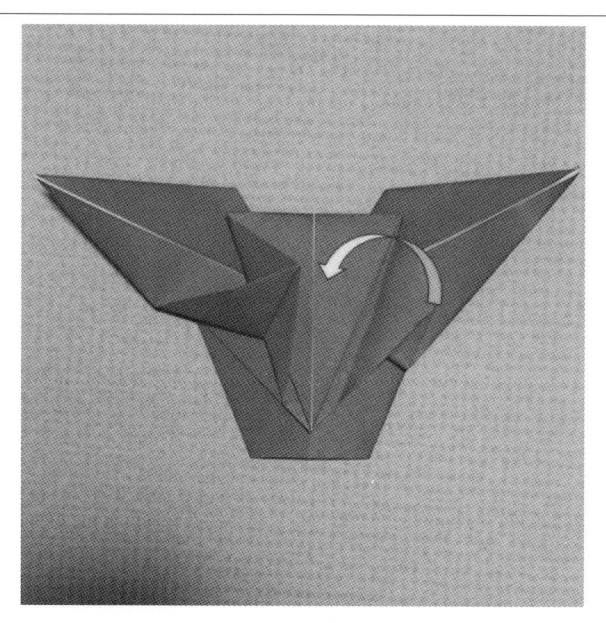

11 カドを引き出す

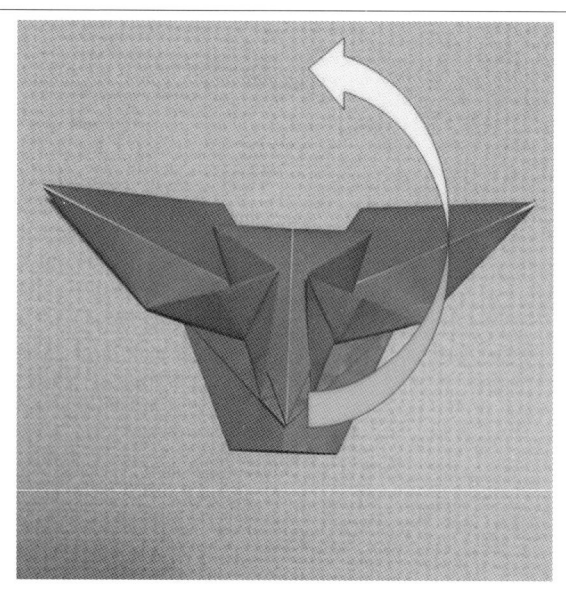

12 カドを折り下げる

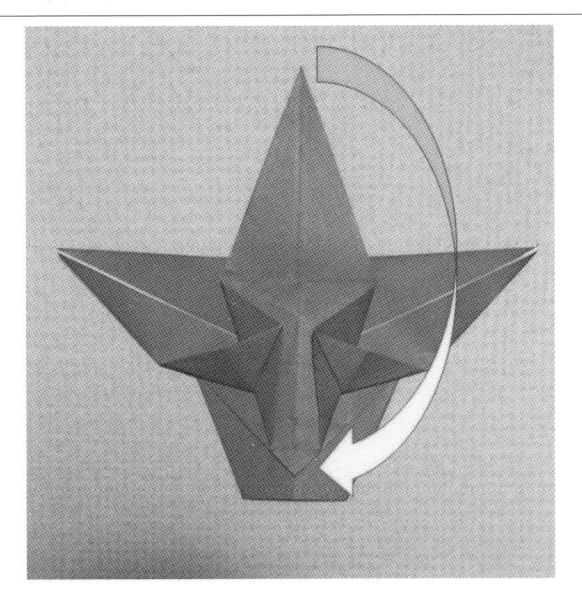

13 裏返す

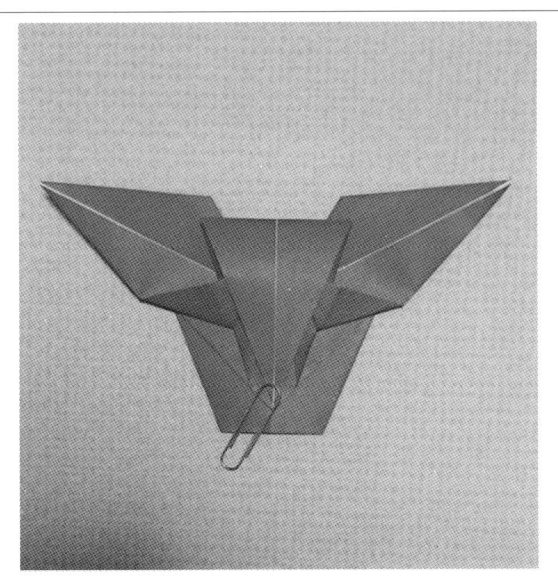

14 ○と○を結ぶ折り線で折る

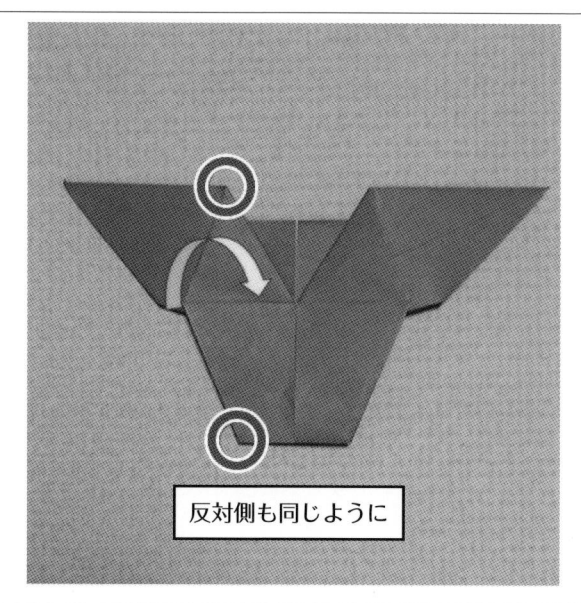

反対側も同じように

15 カドを開く

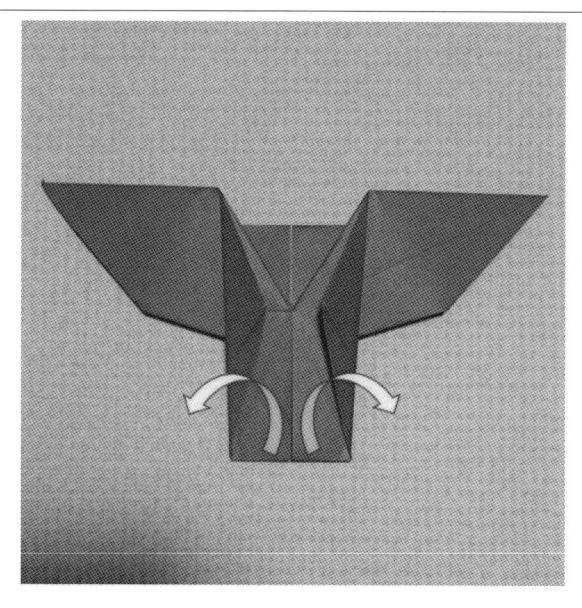

16 　○と○を結ぶ線で折る

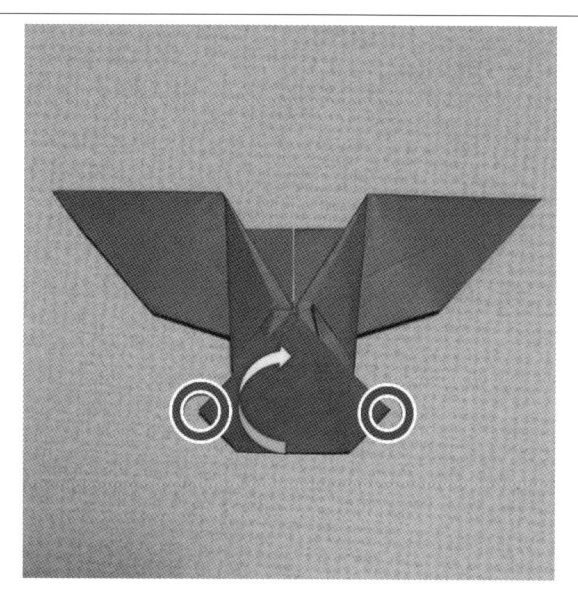

17 　隙間を広げる

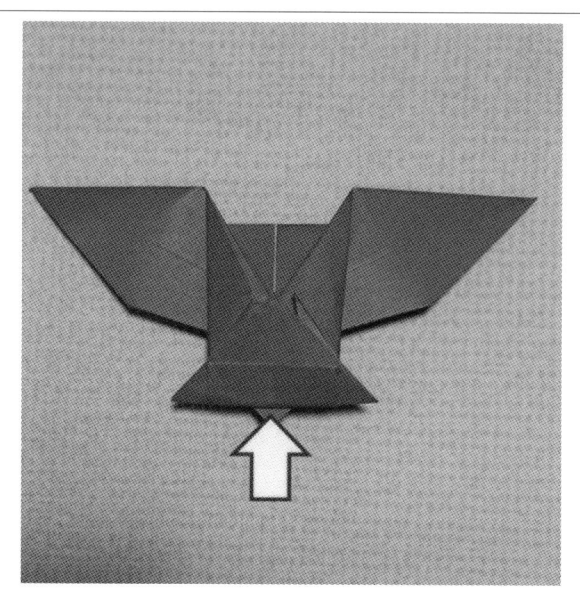

18 ついている折り線で右側に倒す

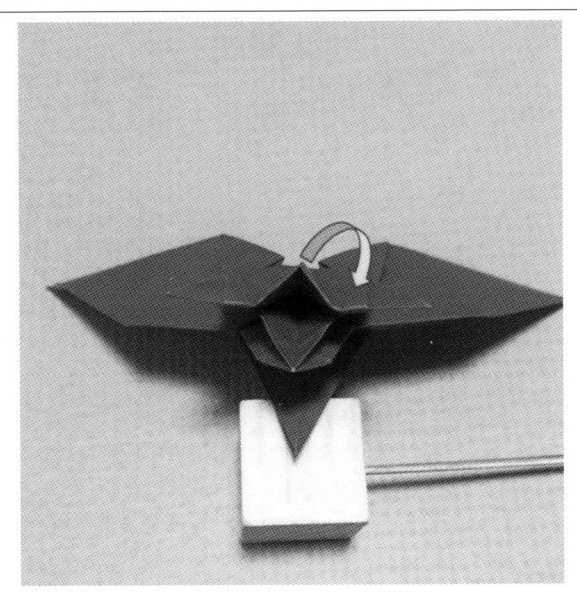

19 矢印の部分を真ん中によせる

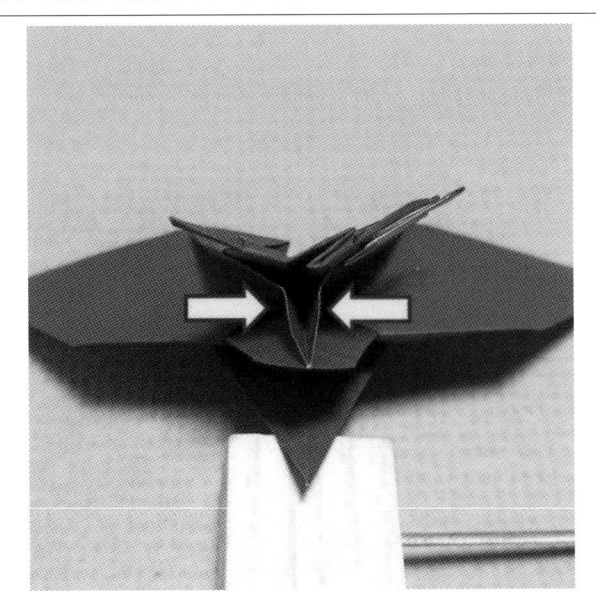

20 　右側によせながらつぶす

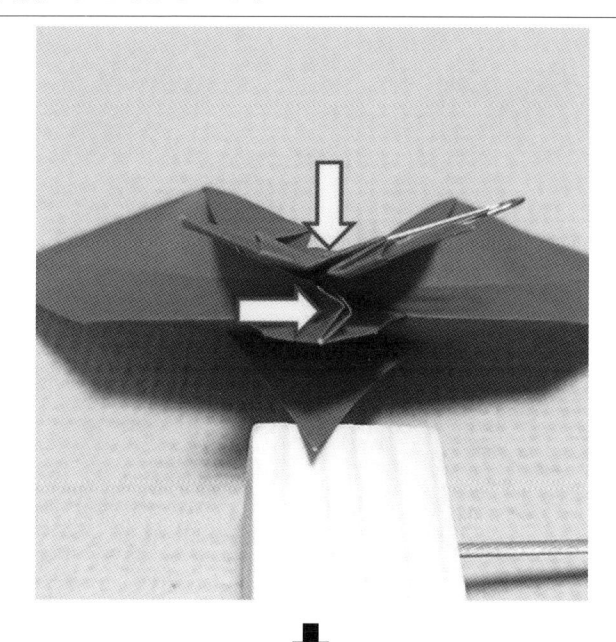

羽の部分が浮きあがり、平らにならなくなっている

21 折り線を上にズラすようしてつぶす

22 めくるように起こす

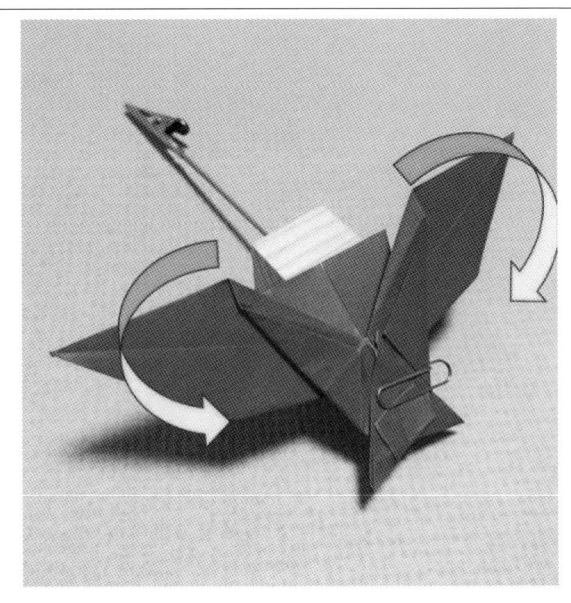

84

23 ○と○を結ぶ線で折る

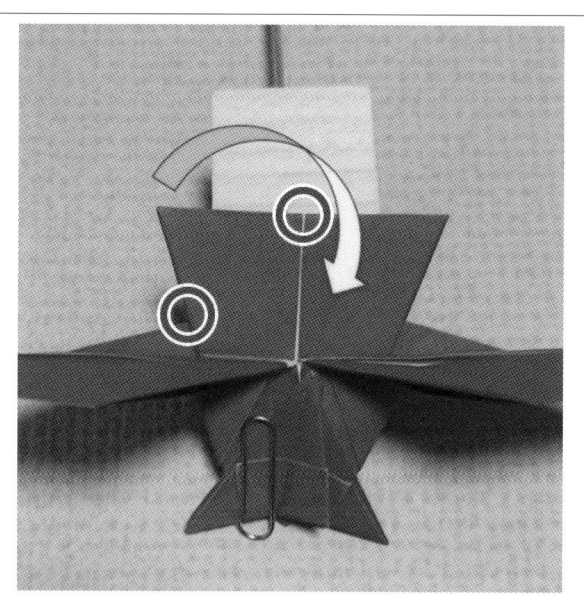

24 カドを折り返す

25 反対側も同じ

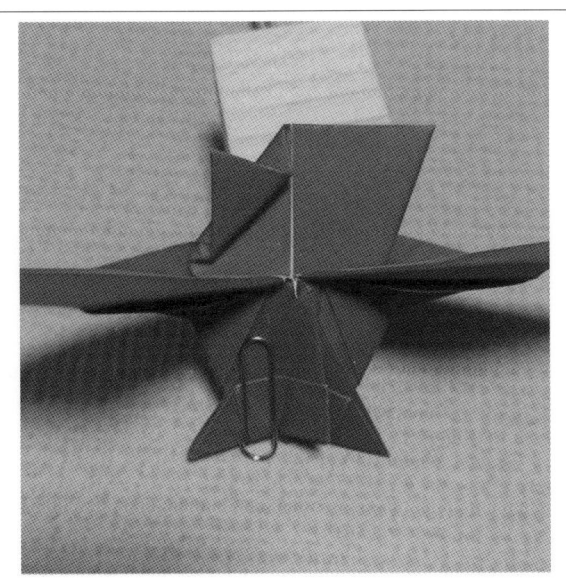

26 裏返す

27 カドを折り返す

4-3
羽も仕上げよう

これで完成でもいいのですが……。
羽もがんばって仕上げましょう

コウモリの羽の骨があるところを山折りにして浮き出させたりするとリアルになります

＊

いかがでしたか？
ぜひ、折ってみてください。

作品情報

作品名	コウモリ
折り方	不切正方形一枚
創作・折り手	山口智之

【折り紙・折り方】コウモリ
https://www.youtube.com/watch?v=jKGwN-WLA4w

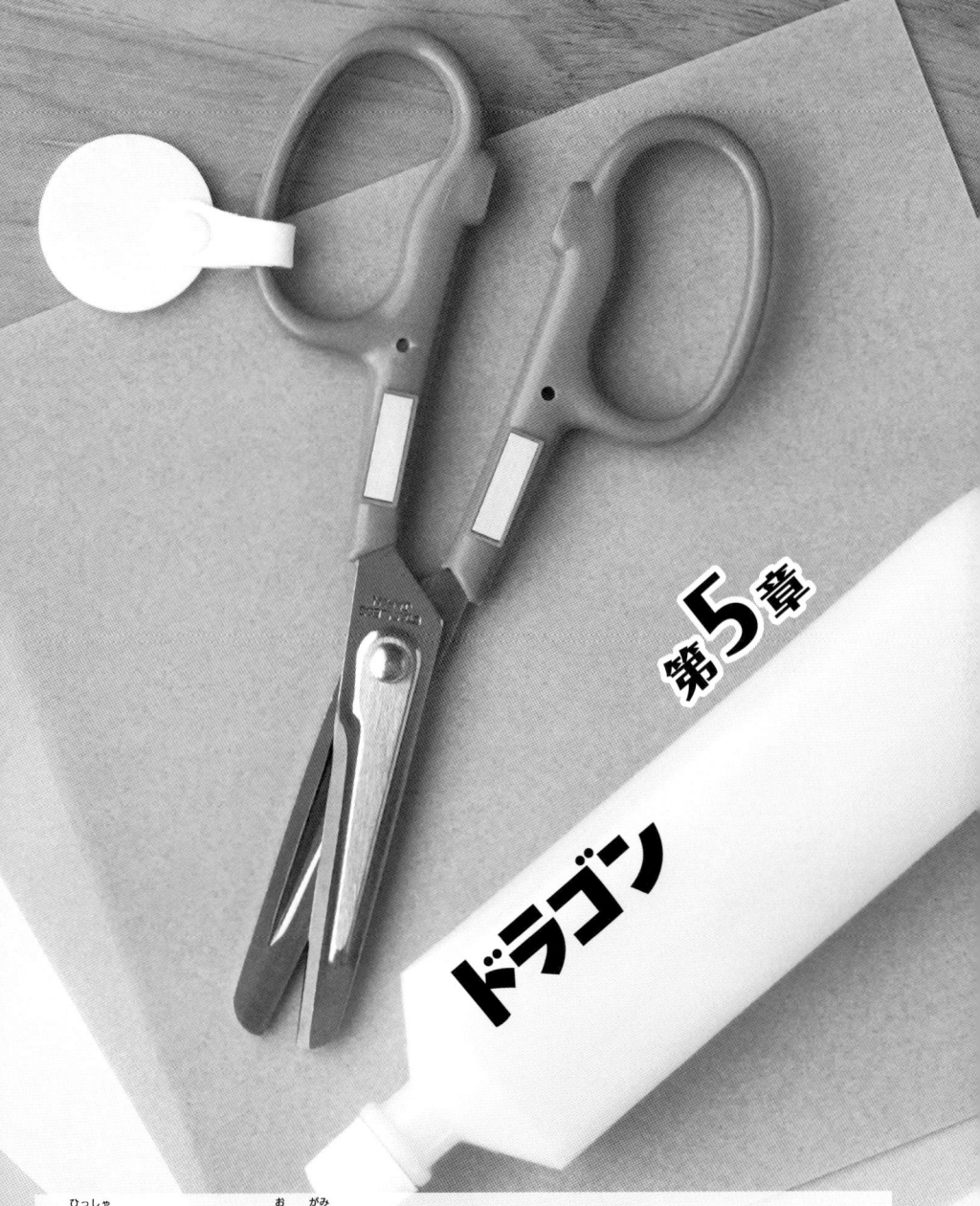

第5章

ドラゴン

筆者が考えたドラゴン折り紙の「ピースドラゴン」シリーズの1つ、「ピースバハムート」の折り方を説明します。

筆者	●山口智之
サイト名	●折り紙へ続く道
記事名	●【保育・折り紙・ドラゴン】ピースバハムート
URL	●https://www.youtaiyamaguchi.com/2021-04-21-224122/

5-1
折り紙を合体させて作るドラゴン

まずは完成形を見てみてください。

ドラゴン折り紙「ピースバハムート」

5-2
ドラゴンの折り方

それでは折り方です。

折り紙は6枚使います。頭を作る紙は1/4サイズで、それ以外は普通の折り紙と同じサイズです。

折り紙は6枚使う

簡単なので、ぜひ、いっしょに折ってみてください。

手順
ドラゴンの上半身の折り方

1 図のように折り線をつける

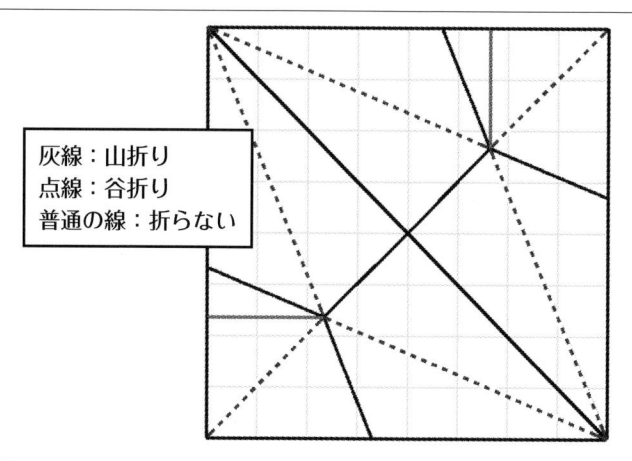

灰線：山折り
点線：谷折り
普通の線：折らない

2 サカナの基本形に折りたたむ

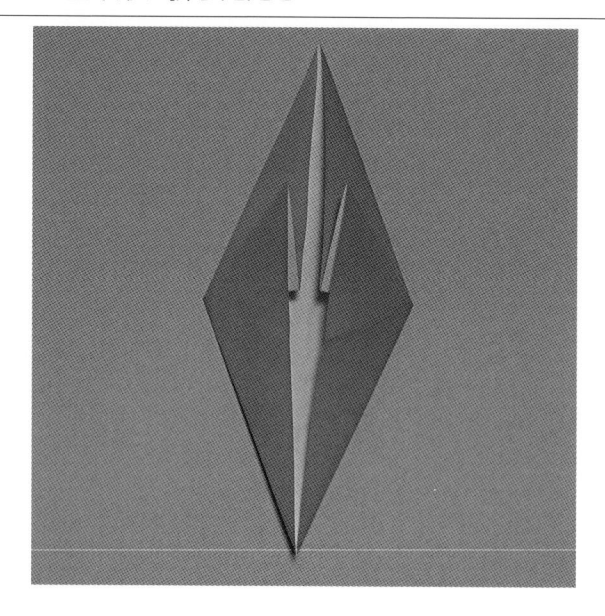

3 裏返して写真のように折る

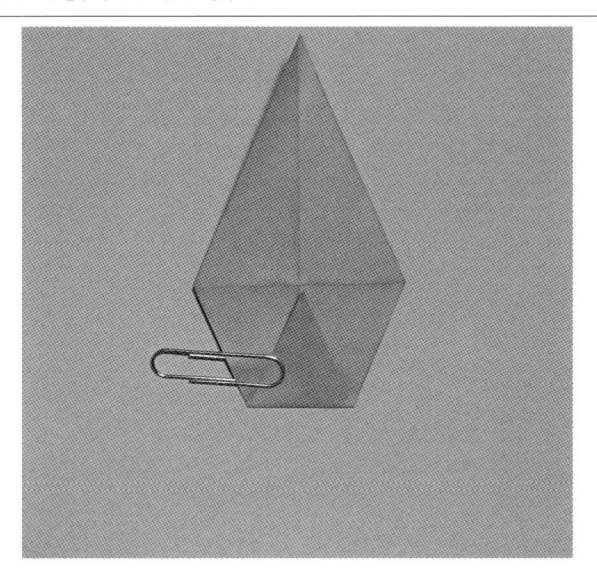

4 真ん中の線で半分に折り、写真のように折る

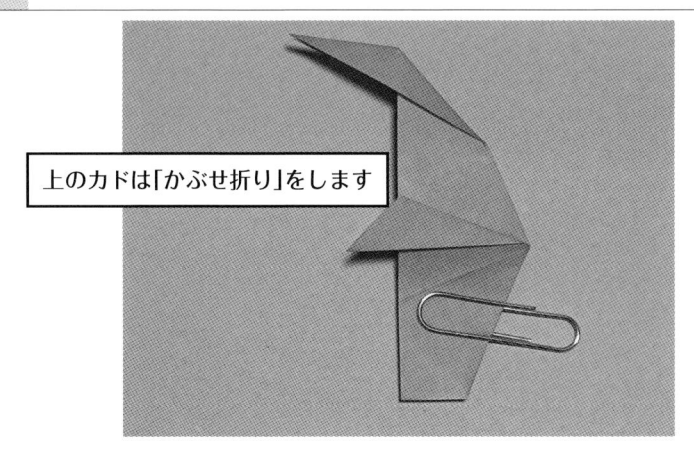

上のカドは「かぶせ折り」をします

上半身の完成です。

手順
ドラゴンのしっぽの折り方

1 写真のように折る

2 写真のように折る

[1]の白い部分を折り上げる

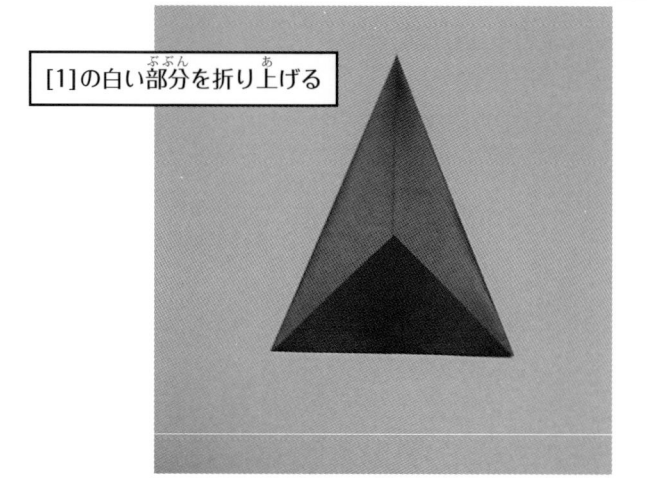

3 [1]の状態に戻して、真ん中の線で半分に折る

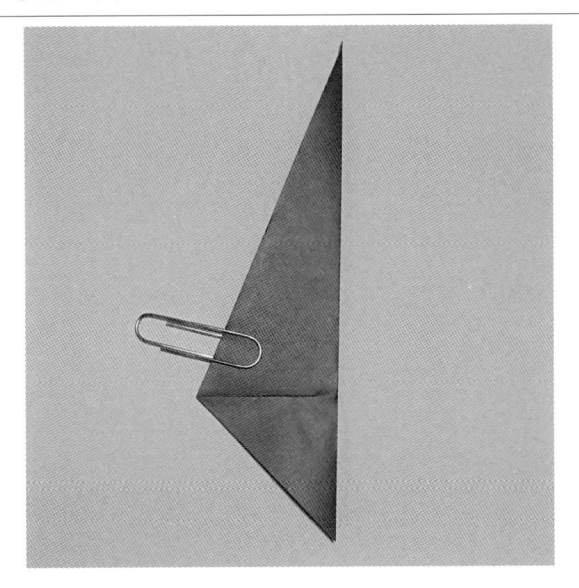

4 「3」の下の三角形_{さんかっけい}のところを広げてつぶす

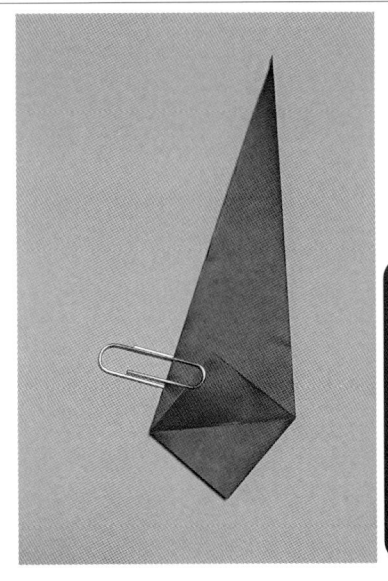

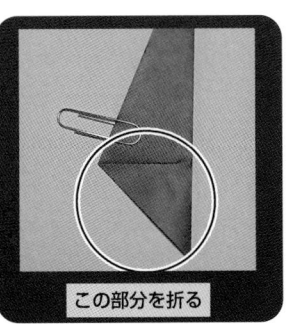

この部分を折る

5 写真の下のカドを裏側へ折る

6 少しズラす

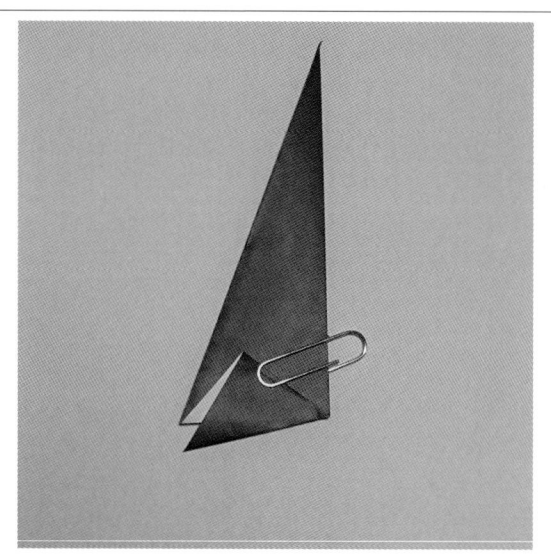

しっぽの完成です。

手順
ドラゴンの足の折り方

1 写真のように折る

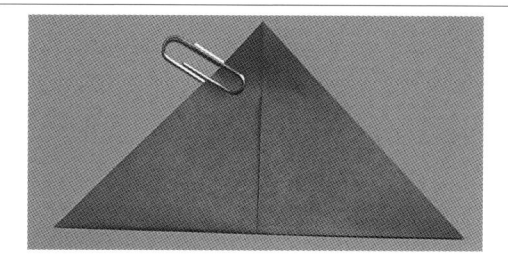

2 写真のように折る

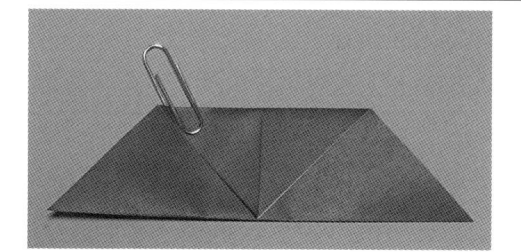

3 の両端のななめの部分を真ん中の線に合わせるように折る

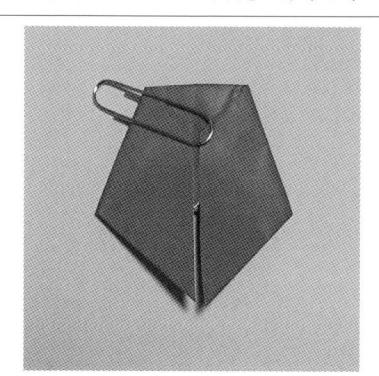

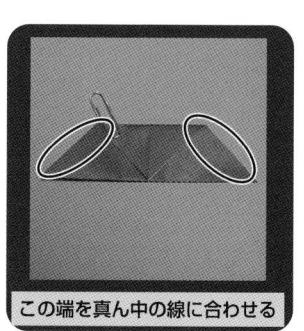

この端を真ん中の線に合わせる

足の完成です。

97

手順
ドラゴンの羽の折り方

1 写真のように折ります

2 写真のように折ります

羽の完成です(同じものをもう1つ作ります)。

手順
ドラゴンの頭の折り方(1/4サイズの紙を使う)

1 写真のように折る

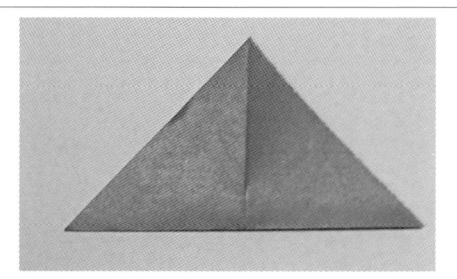

2 写真のように折る

3 [2]の両端のななめの部分を真ん中の線に合わせるように折る

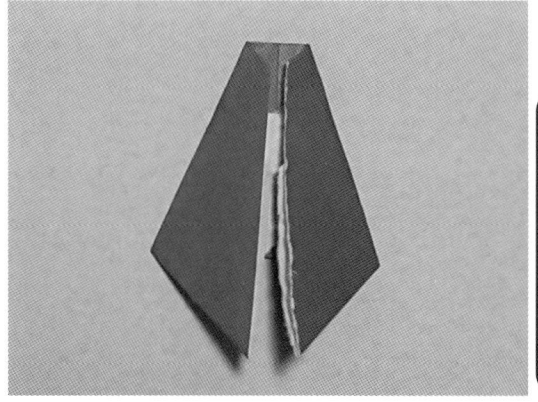

この端を真ん中の線に合わせる

頭の完成です。

5-3
各パーツを組み立てる

手順
ドラゴン折り紙の組み立て

1 上半身を尾に差し込む

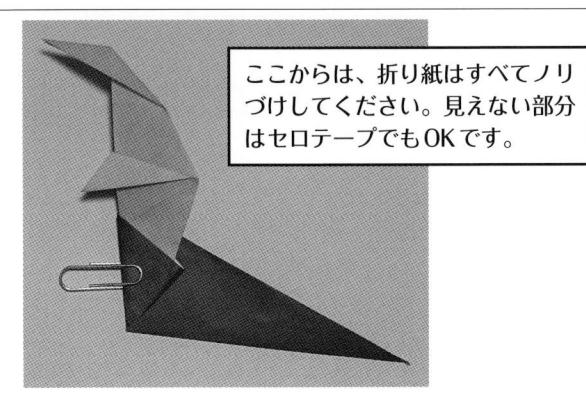

ここからは、折り紙はすべてノリ
づけしてください。見えない部分
はセロテープでもOKです。

2 足を挟みこむ

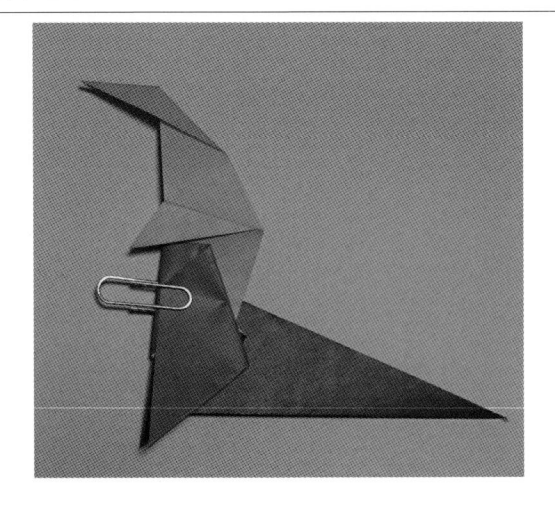

3 頭に上半身を挿しこむ

4 羽を挿しこむ

完成です。

完成したドラゴン折り紙「ピースバハムート」

作品情報

作品名	ピースバハムート
折り方	不切正方形6枚復号 （※頭部は1/4サイズの紙を使用）
創作・折り手	山口智之

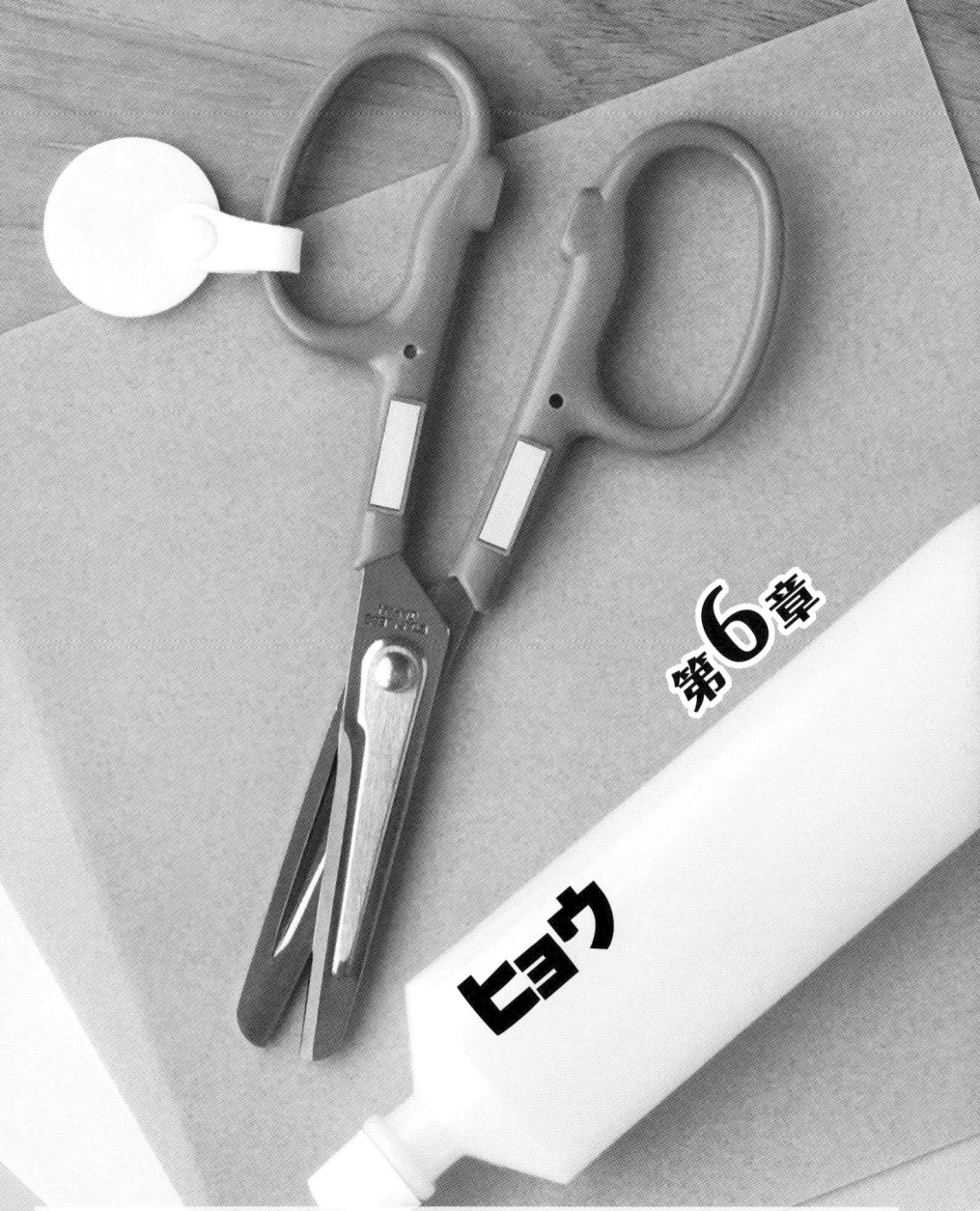

第6章

ヒョウ

ここでは、ヒョウの折り方を解説します。
上手く折れればかっこよくなるので、がんばってください。

筆者	●山口智之
サイト名	●折り紙へ続く道
記事名	●【折り紙・折り方】豹(ヒョウ)
URL	●https://www.youtaiyamaguchi.com/2021-11-01-220022/

6-1
ネコ科らしさを表現した折り紙

　まずは、完成形を見てみてください。

　シンプルなつくりですが、カーブを描く体のラインがネコ科の動物「らしさ」を表現しています。

ヒョウ

6-2
ヒョウを折る

それでは、折り方を解説します。

手順
ヒョウの折り方（前編）

1 図のような折り線をつける

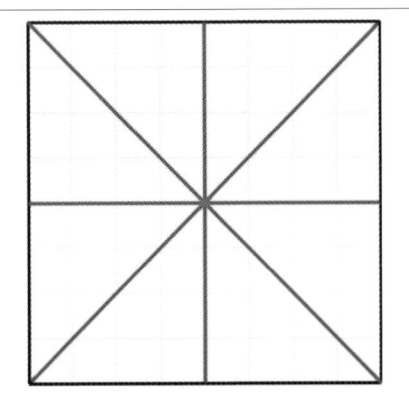

2 カドを真ん中に合わせる

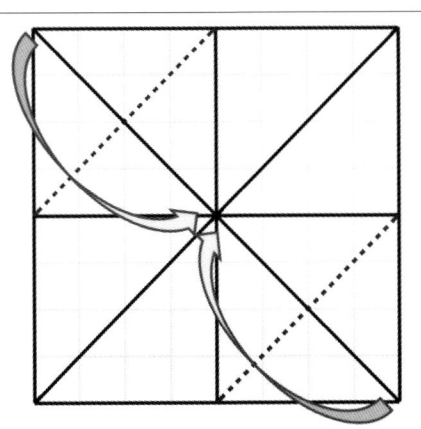

3 裏返す

4 カドを真ん中に合わせる

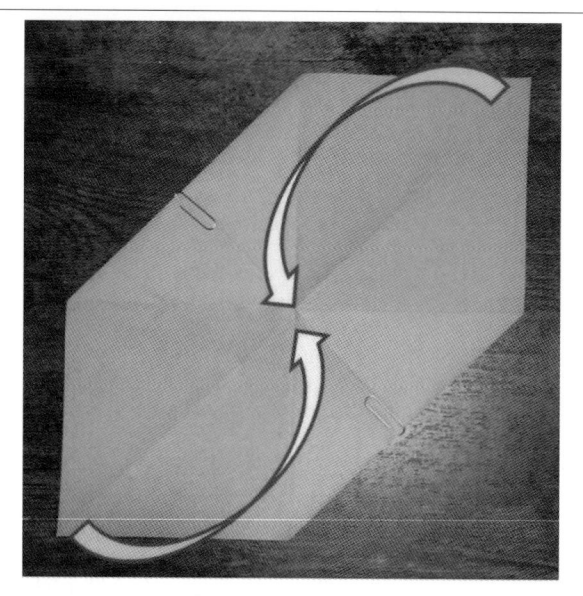

5 矢印の線を山折りにしながら半分に折る

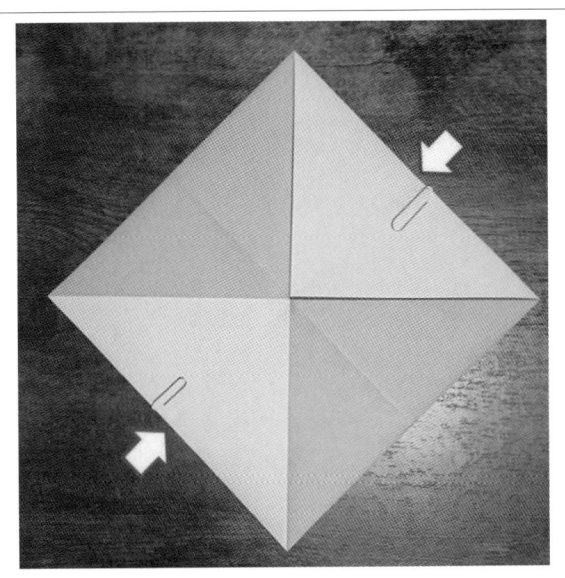

6 矢印の線でカドをおこす

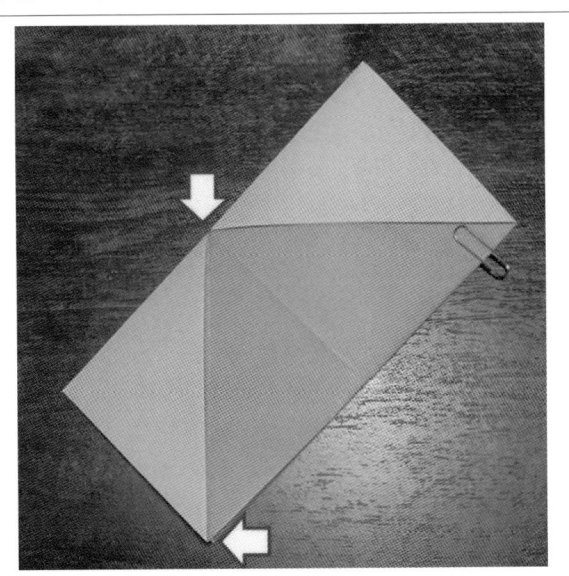

7 広げてつぶす

矢印の先のフクロのような部分に手
を入れ、広げながらつぶす

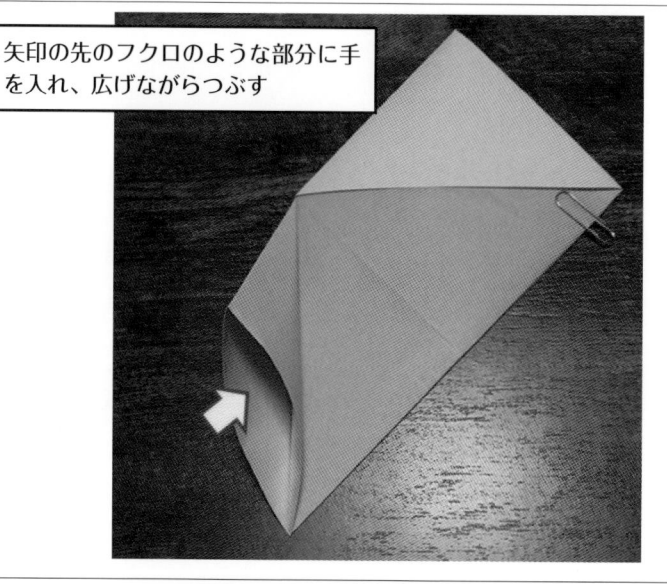

8 フチを真ん中の線に合わせてから、もとに戻す

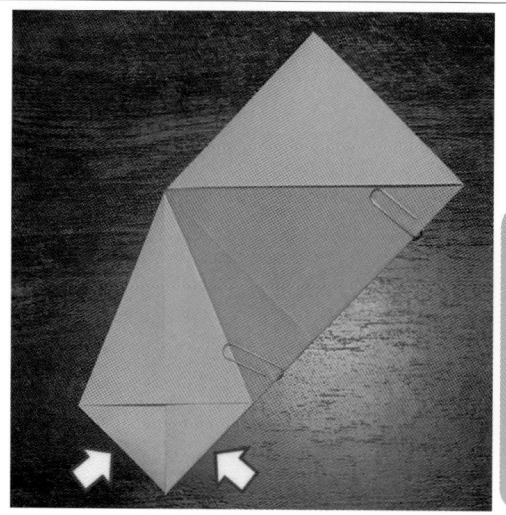

こう折ってからもとに戻す

9 フチをおこす

おこしている途中の写真

10 反対側も同じようにする

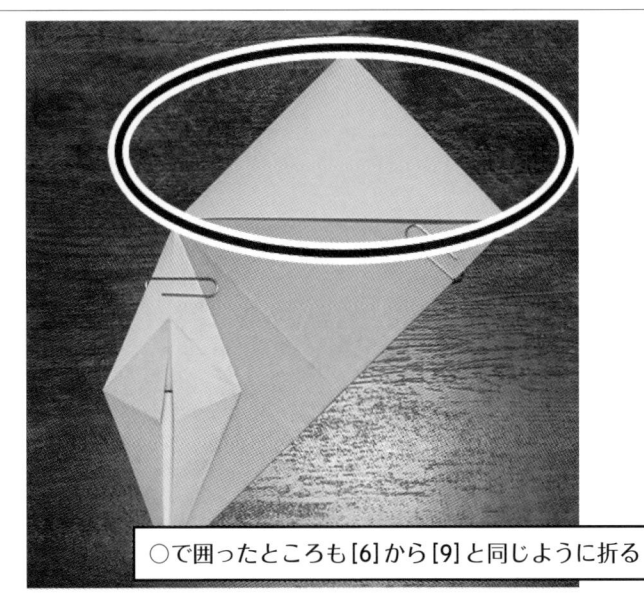

○で囲ったところも [6] から [9] と同じように折る

11 折った部分を開く

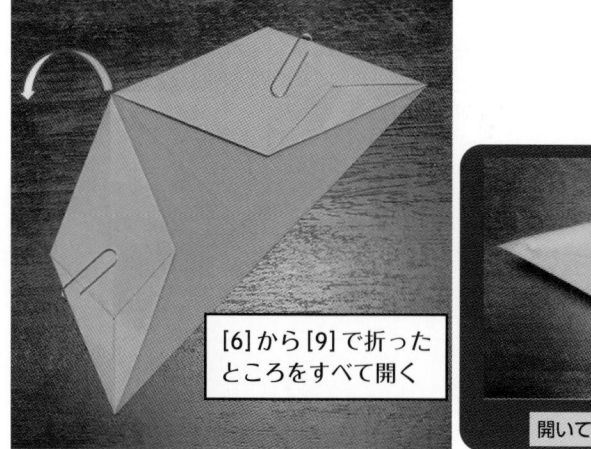

[6]から[9]で折った
ところをすべて開く

開いている途中

12 ツルの途中の形に折り直す

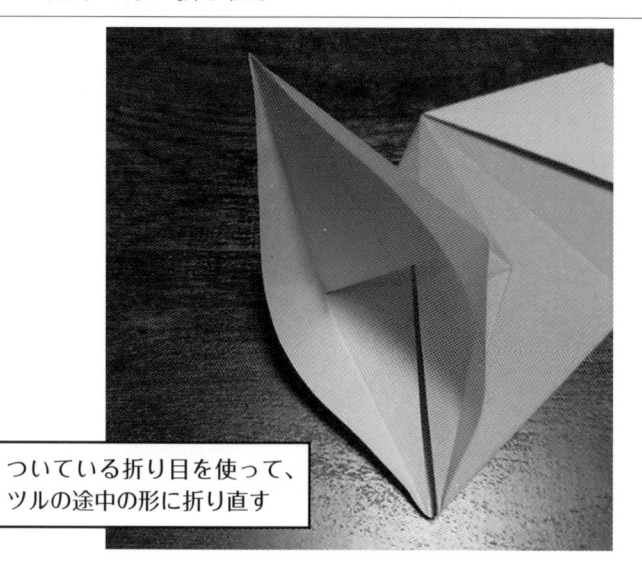

ついている折り目を使って、
ツルの途中の形に折り直す

13 反対側も同じようにする

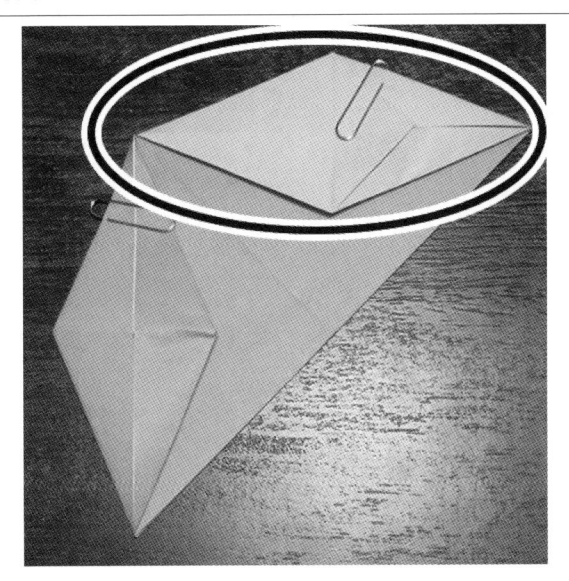

14 ふくらませるように開いてつぶす

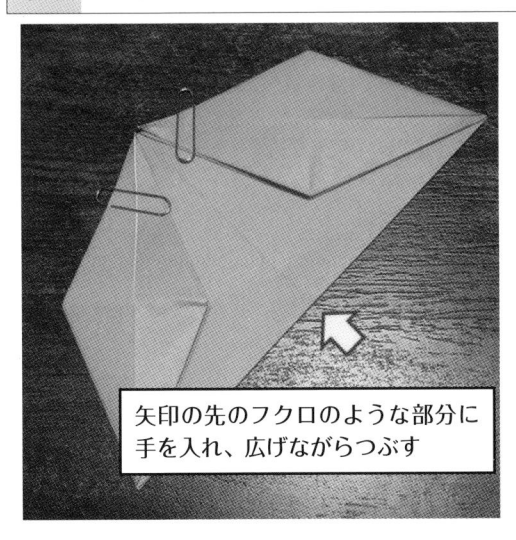

矢印の先のフクロのような部分に
手を入れ、広げながらつぶす

つぶしている途中

15 めくる

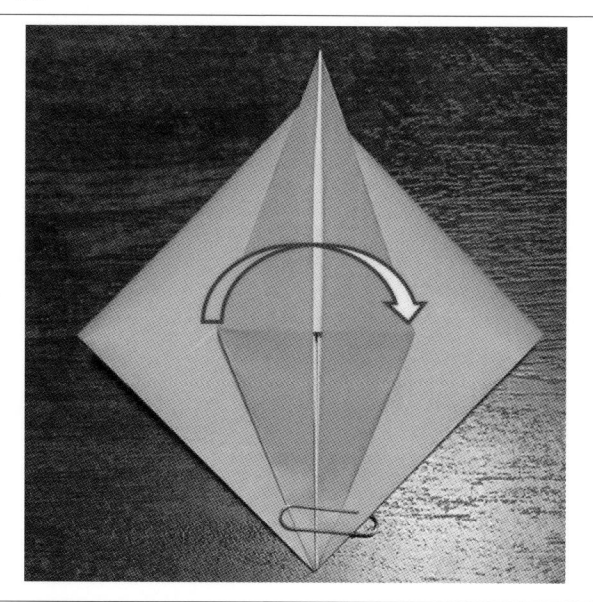

16 フチを真ん中の線に合わせて折る

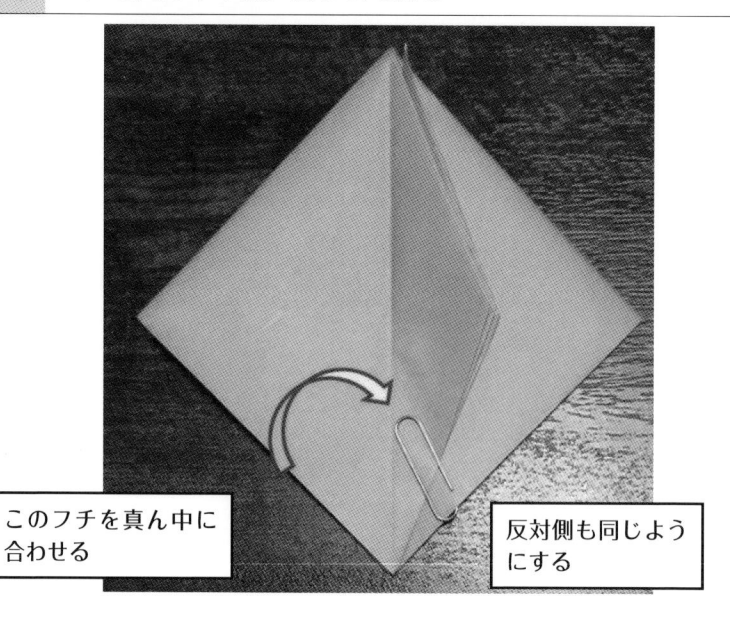

このフチを真ん中に
合わせる

反対側も同じよう
にする

17　カドをおこす

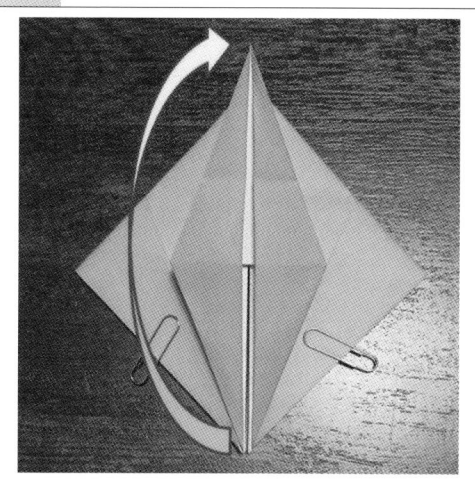

おこす途中

18　フチを真ん中の線に合わせる

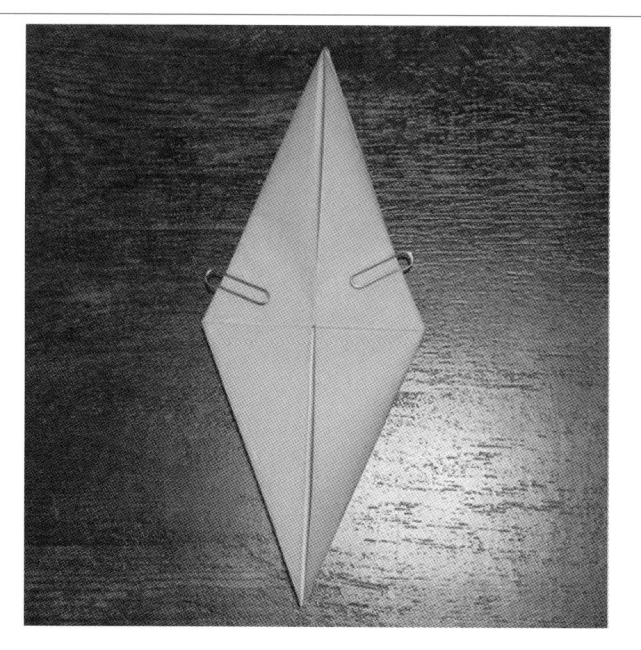

19 裏返してカドを折り下げる

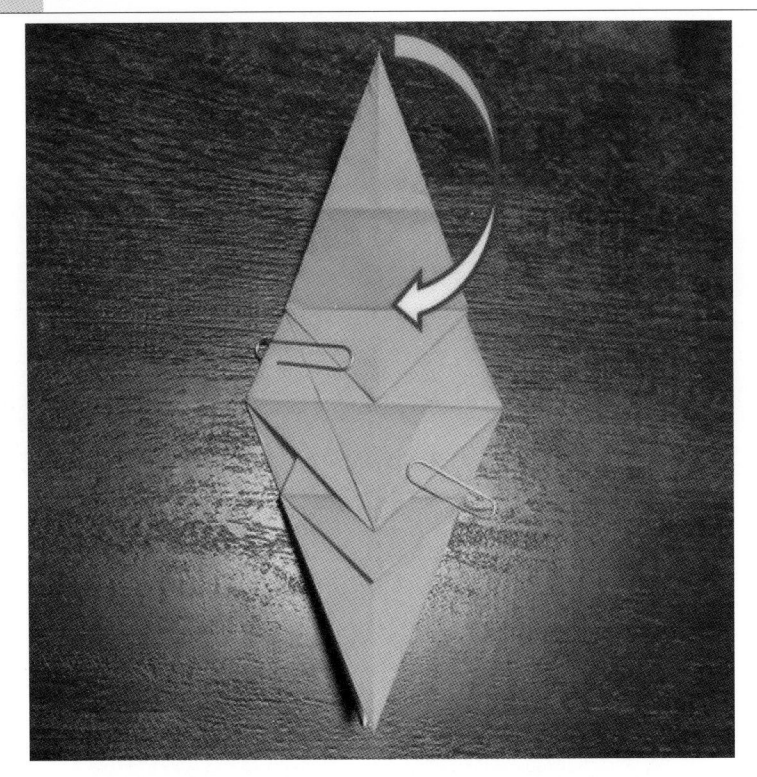

20 フチを真ん中に合わせる

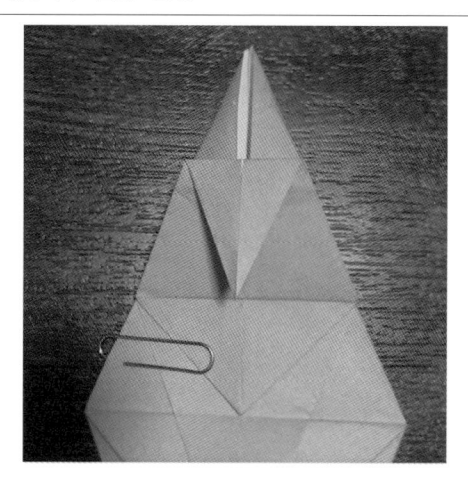

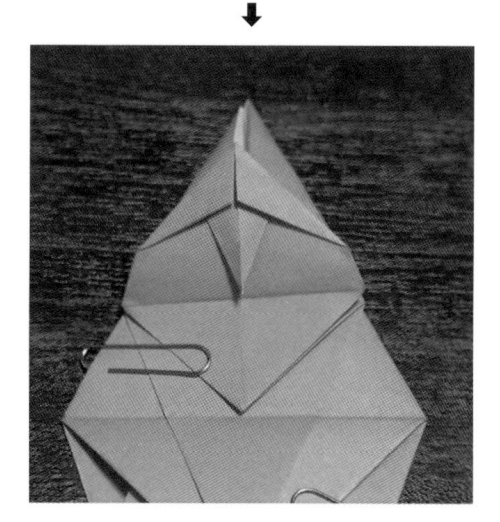

21 [19]の状態に戻す

ここまででヒョウの体のほとんどが折れました。
ここからは、いよいよ頭や足を折りこんでいきます。

手順
ヒョウの折り方（後編）

1 裏側を開きながら矢印の部分をへこませる

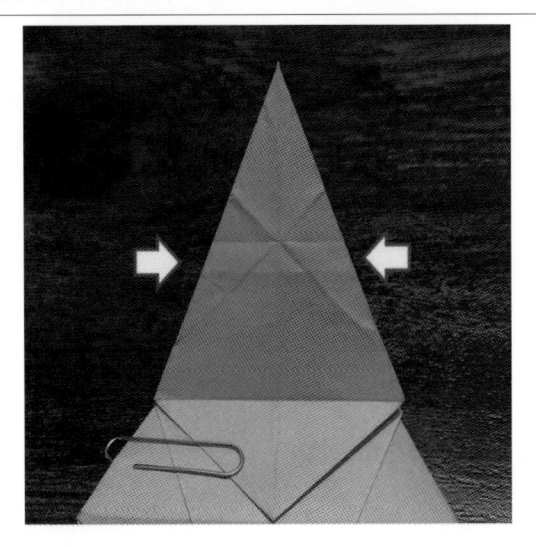

2 矢印部分をへこませて平らにたたむ

たたむ途中

3 カドを折り上げる

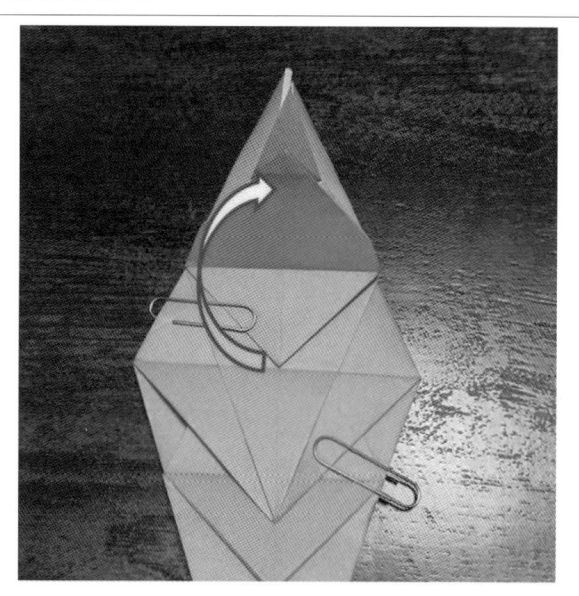

4 裏返してカドを折り下げる

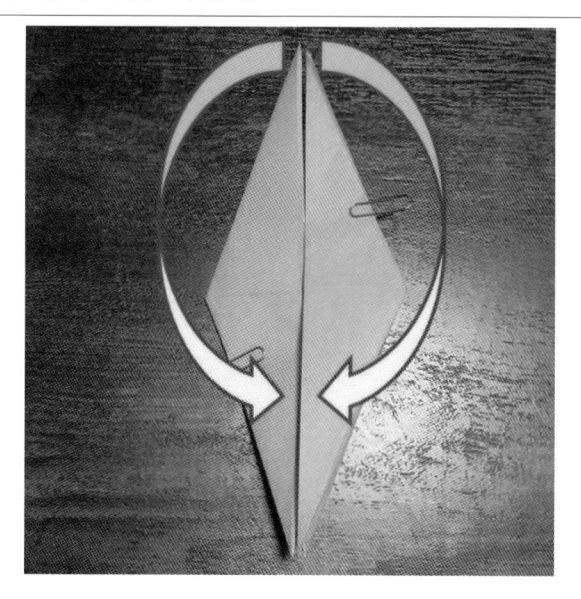

5 フチを横の真ん中の線に合わせる

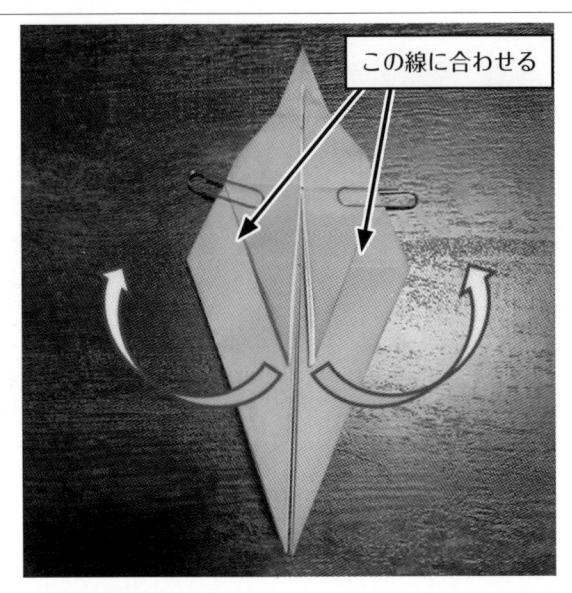

この線に合わせる

6 カドを折り上げる

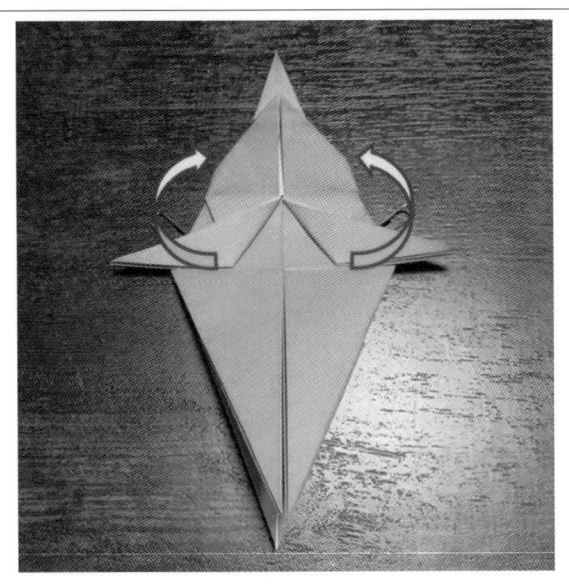

7 矢印の線を合わせるように折る

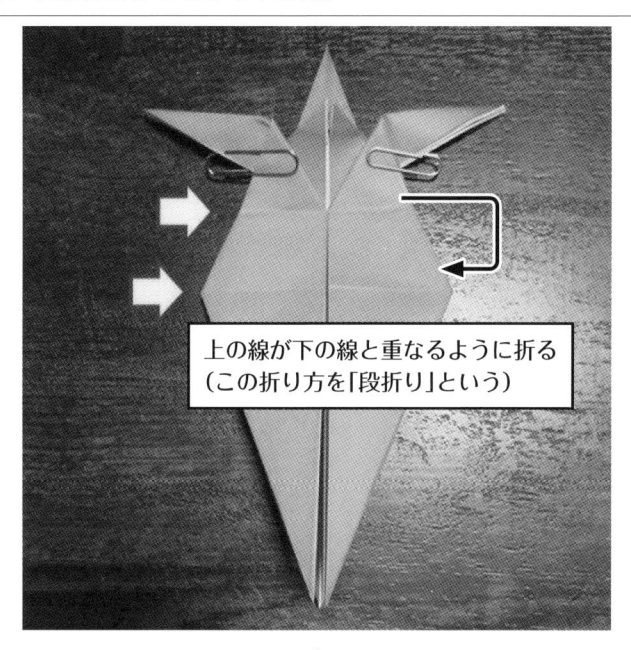

上の線が下の線と重なるように折る
（この折り方を「段折り」という）

8 「段折り」する前に戻して、矢印の線を合わせるように折る

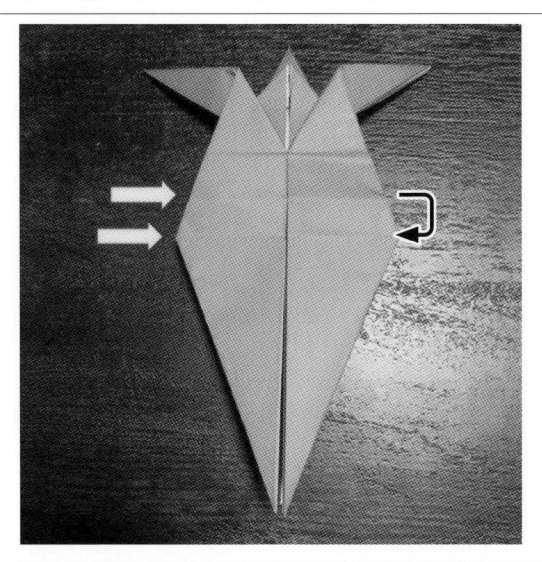

9 カドを折り下げる

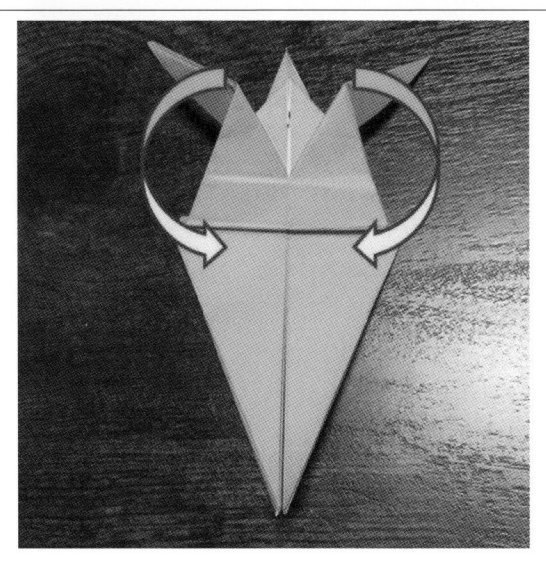

10 カドを折り下げる

11 真ん中の線を山折りしながら半分に折る

12 段折り部分をズラすように上半身の角度を変える

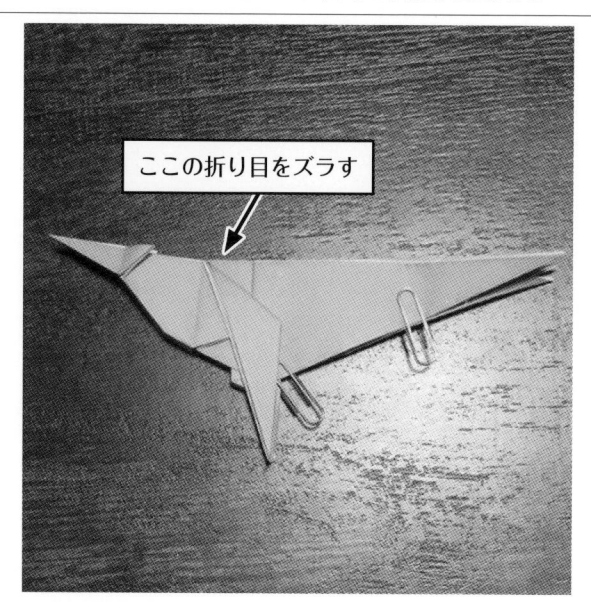

ここの折り目をズラす

13 足のカドを折り下げる

14 内側のカドを引き出す

15 後ろ足を折る

16 折り返す

17 お腹側のフチを内側に折り、細くする

18 なかわり折りをする

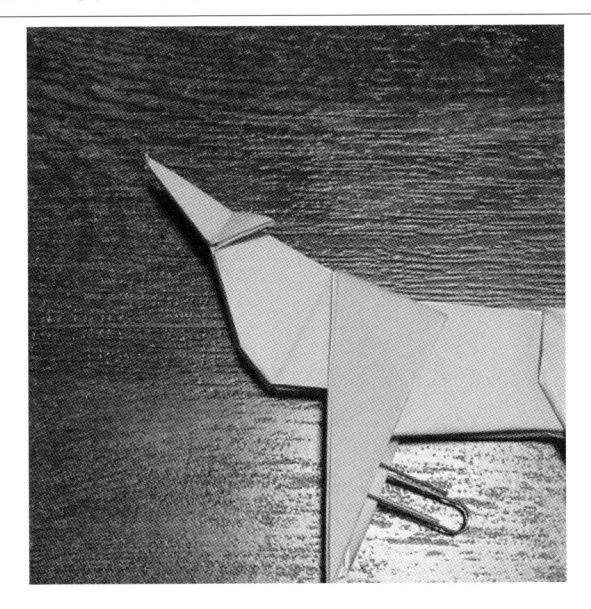

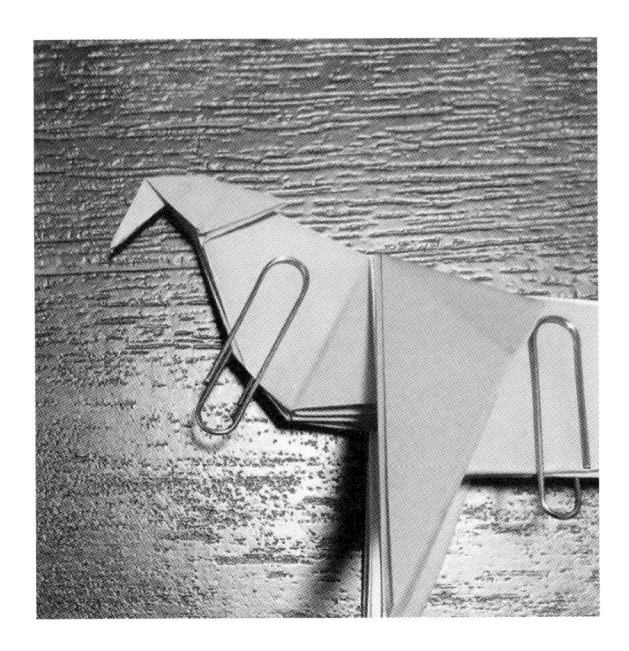

19 カドを折り返す

20 カドを内側にしまう

21 お腹側を開く

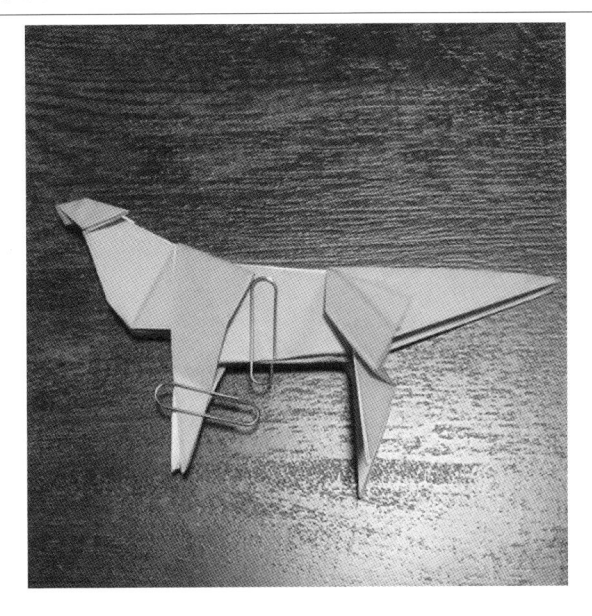

22 シッポを細く折って閉じる

23 背中とシッポをに丸みをもたせて完成

6-3
紙の色を変えてアレンジ

これで、できあがりです。

完成したヒョウ

黒い紙で折ると「黒ヒョウ」になります(私は「ロデム」と呼んでいます)。

黒ヒョウ(ロデム)

ぜひ折ってみてください。

作品をSNSで公開する場合

　ご自身で折った作品の写真を公開するのはOKです。

　ただし、以下を書いておいてください。

(1)創作者(この作品の場合は山口智之です)
(2)出典(この作品の場合は「折り紙へ続く道」です)

　また、この章の元になった記事のリンクか、ブログのトップページ
のリンクを貼っていただけると嬉しいです。

記事のリンク

https://www.youtaiyamaguchi.com/2021-11-01-220022/

トップページのリンク

https://www.youtaiyamaguchi.com/

作品情報

作品名	豹(ヒョウ)
折り方	不切正方形一枚
創作・折り手	山口智之

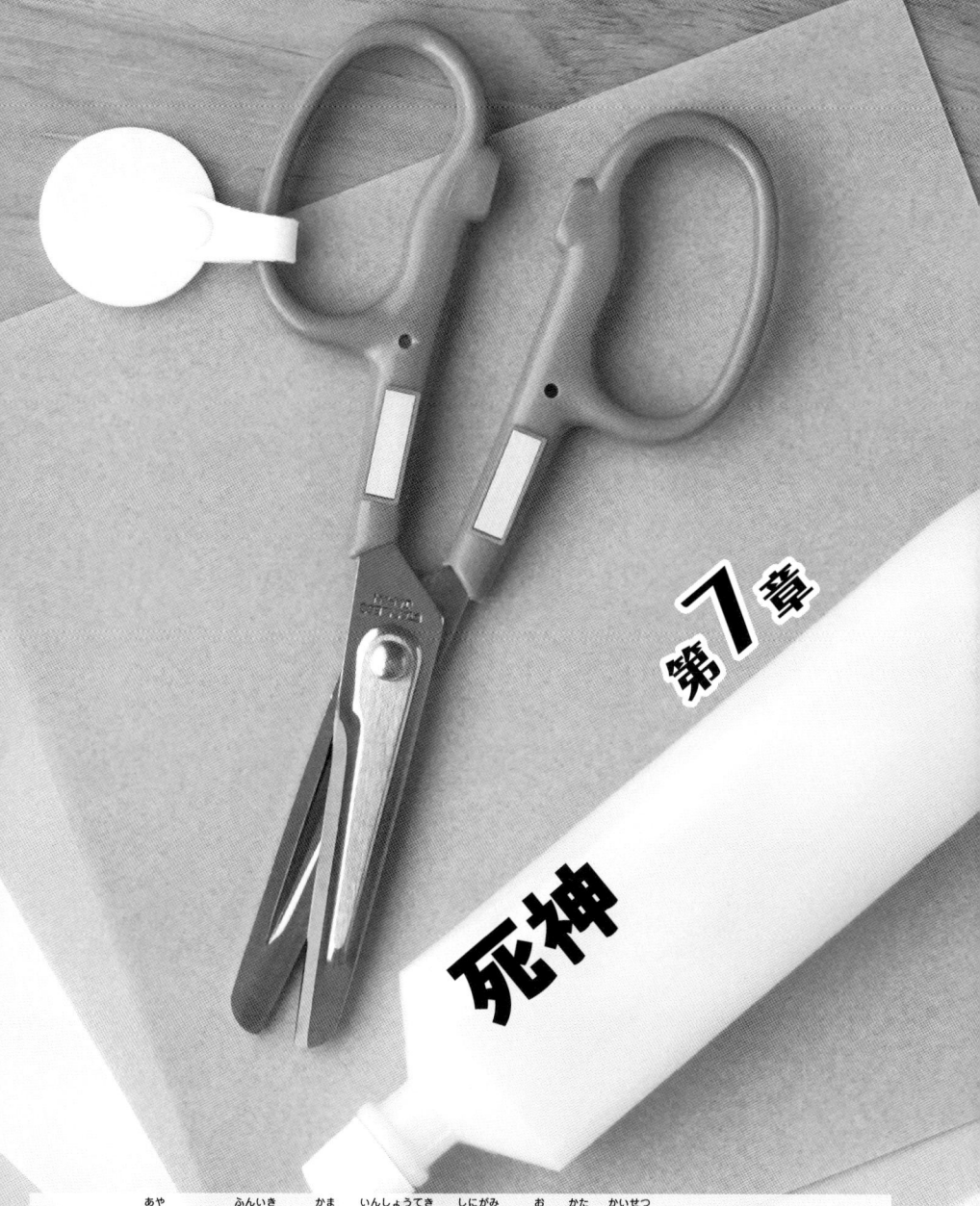

第7章

死神

ここでは怪しげな雰囲気と「鎌」が印象的な「死神」の折り方を解説します。

「鼻」の表現も作品の「らしさ」に大きく貢献しています。

筆者	●山口智之
サイト名	●折り紙へ続く道
記事名	●【折り紙・折り方】死神
URL	●https://www.youtaiyamaguchi.com/2021-10-21-230458/

7-1
怪しい雰囲気の死神

まずは、完成形を見てみてください。

怪しい雰囲気と大きな鎌が目を引く死神

お店で売られている普通の折り紙(15 × 15cm)で折ることができます。

7-2
死神の折り方

　それでは、折り方です。
折り方の動画はこちらです※。

【創作折り紙・折り方】死神
https://www.youtube.com/watch?v=0J2Dw61mzjc

　また、以下の[手順]の[4]の折り線のつけ方が分からない方は、下記の記事を見てみてください※

【よく使う折り方②】紙の内部に「鶴の基本形」- 折り紙へ続く道（山口智之）
https://www.youtaiyamaguchi.com/2021-10-24-111917/

※URLのQRコードはこの章の最後にあります。

手順
死神の折り方（全体の基礎～頭）

---

1 折り線をつける

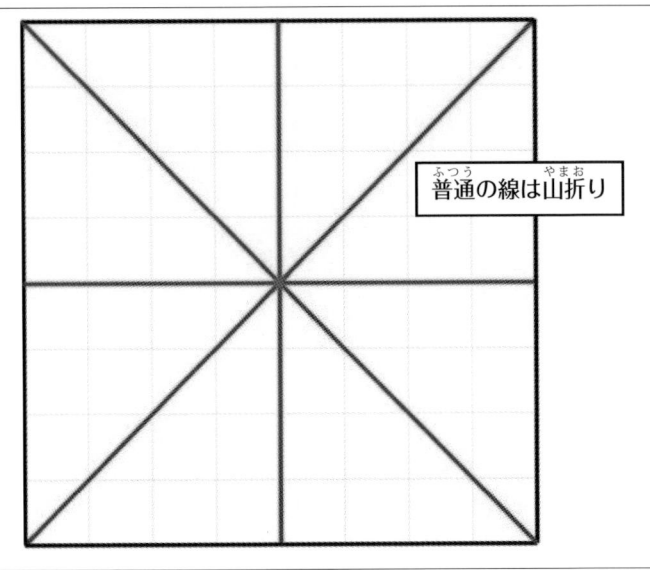

普通の線は山折り

---

2 フチを真ん中の線に合わせる

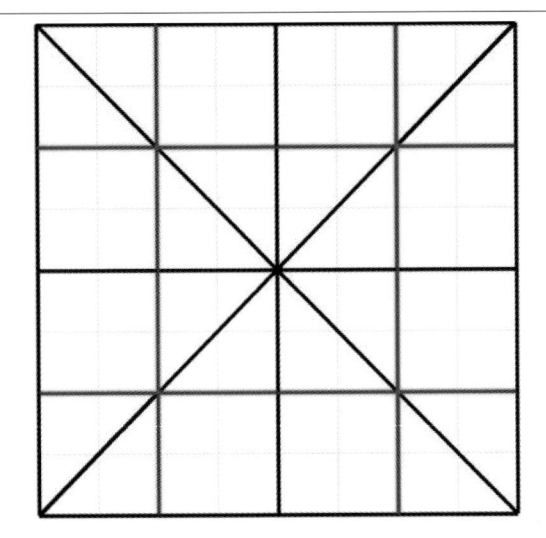

3 外側の枠を2等分する

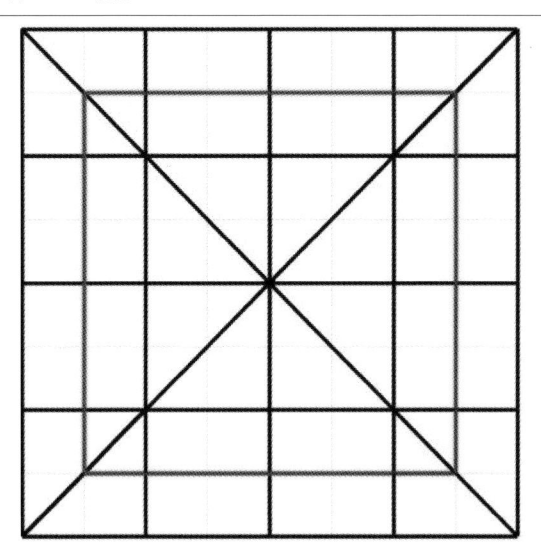

4 真ん中の正方形に「ツルの基本形」を配置する

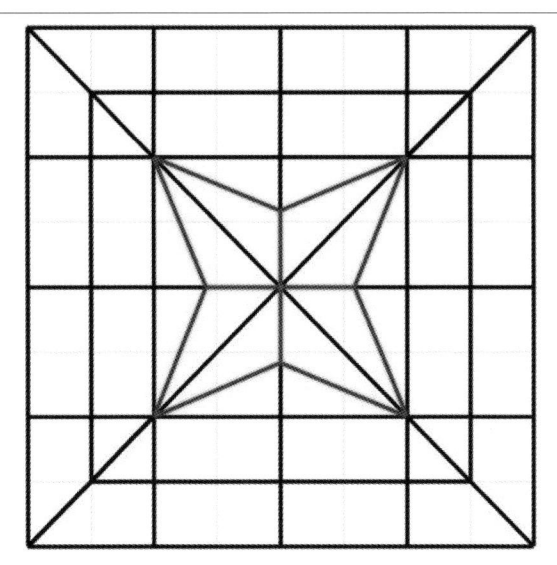

5 折り線を追加する

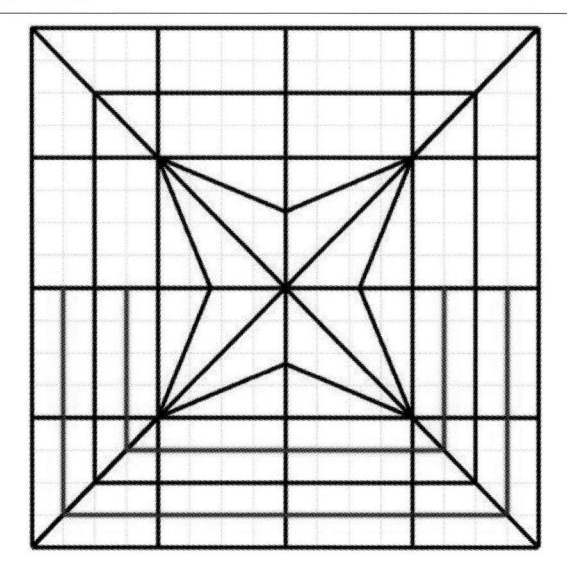

6 普通の線を山折り、点線を谷折りにする

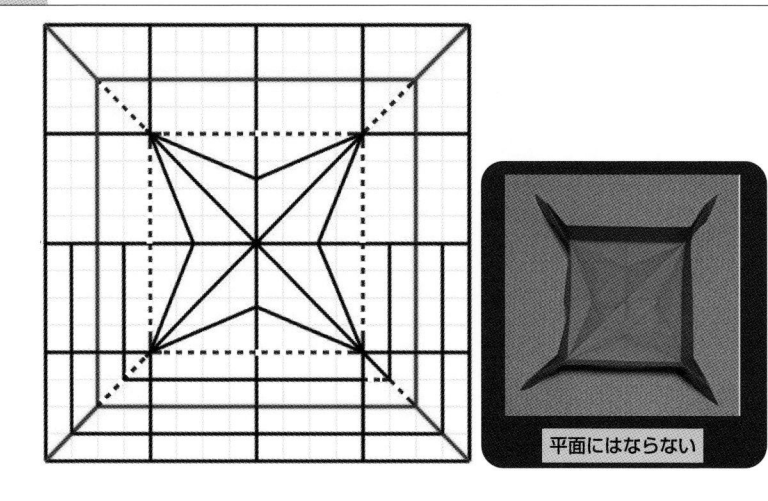

平面にはならない

7 「ツルの基本形」の普通の線の部分を山折りにする

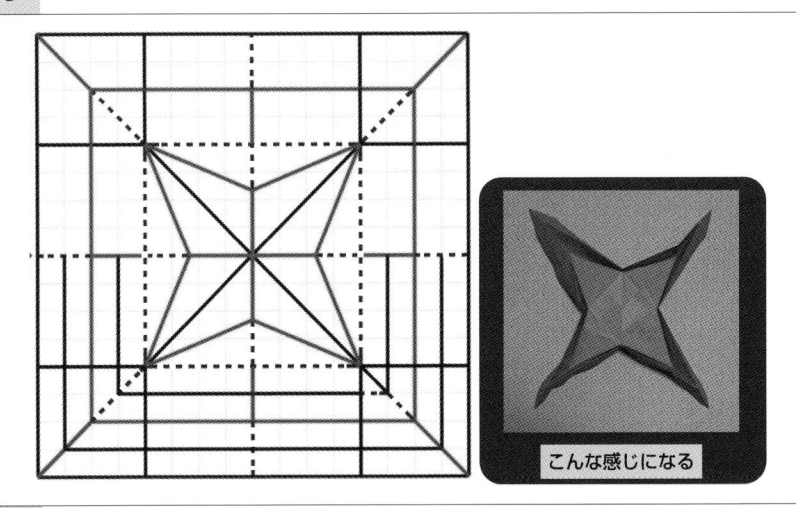

こんな感じになる

8 「ツルの基本形」を折りたたむ

9 閉じる

10 上の手前のカドを折り下げる

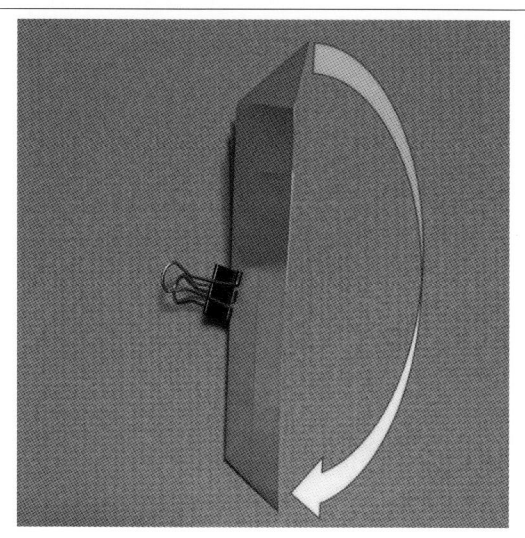

11 裏返す

12 めくる

13 下のカドを少し起こす

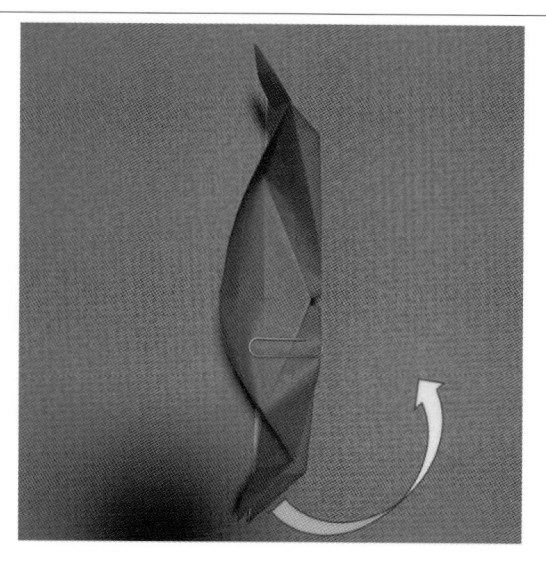

14 つけ根をつまむ

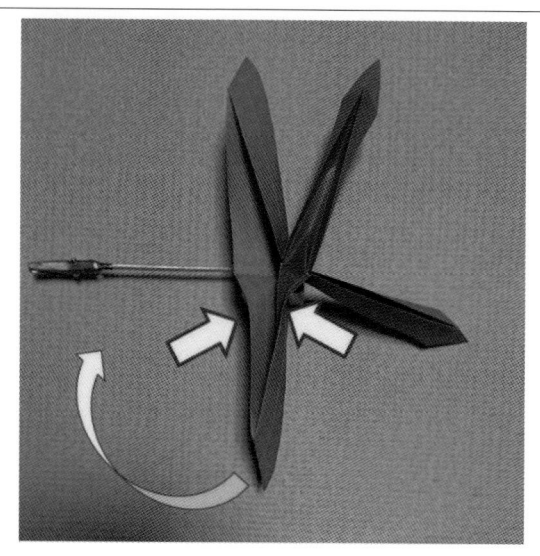

15 閉じる

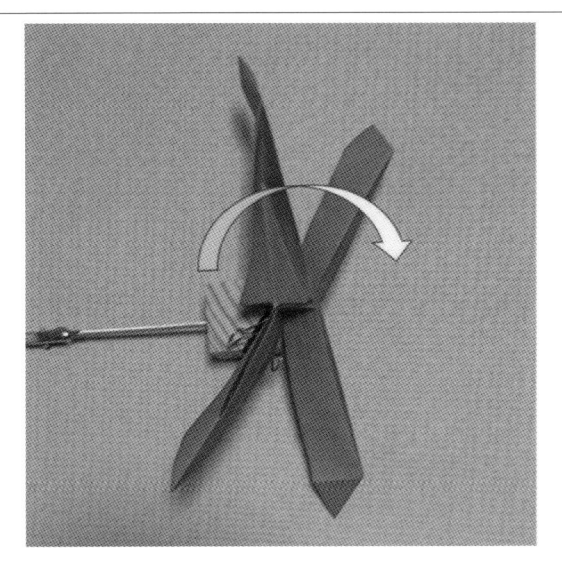

16 上のカドの角度を変える

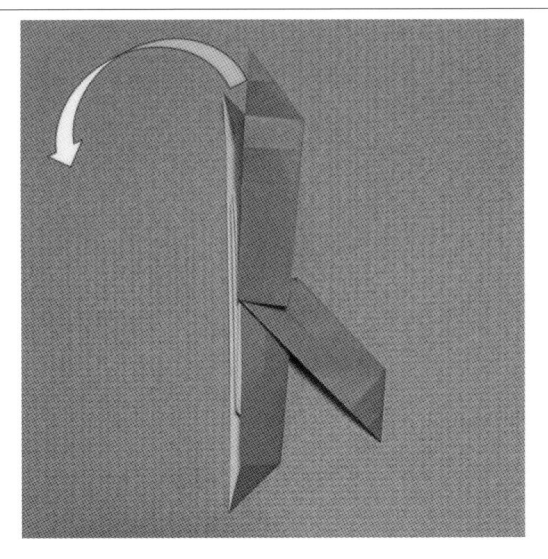

17 めくる

18 矢印部分をつぶす

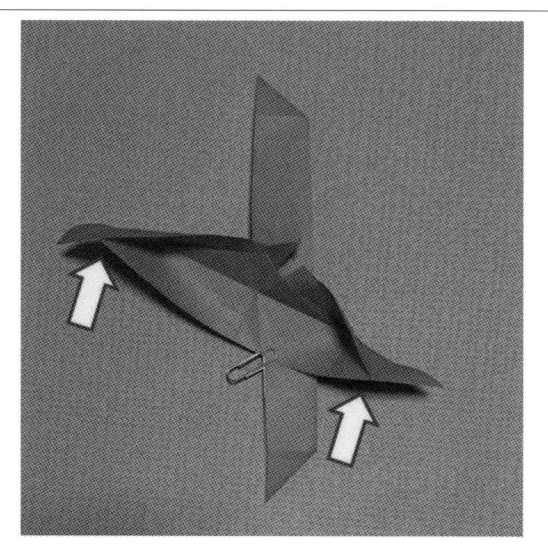

19 閉じる

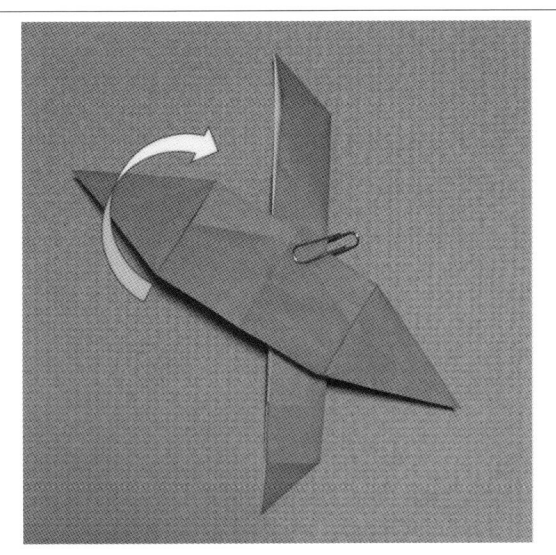

20 ついている折り線で上の紙を手前に折る

21 奥の紙を後ろ側へ折る

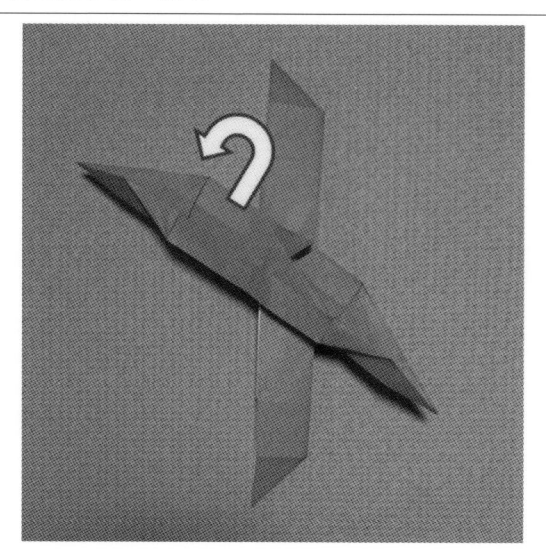

22 後ろ側へ折る

23 矢印の線で後ろ側へ折る

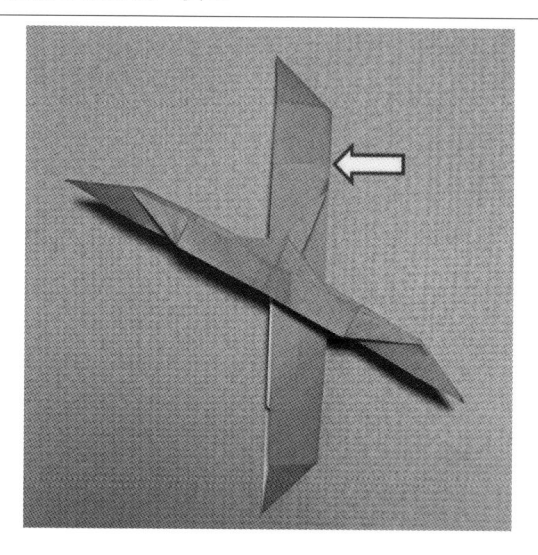

24 ○を基準にななめに折り返す

25 カドを後ろ側へ折る

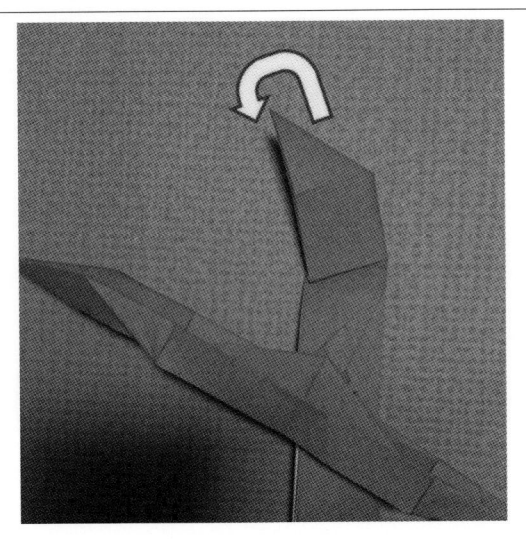

26 矢印を基準にめくる

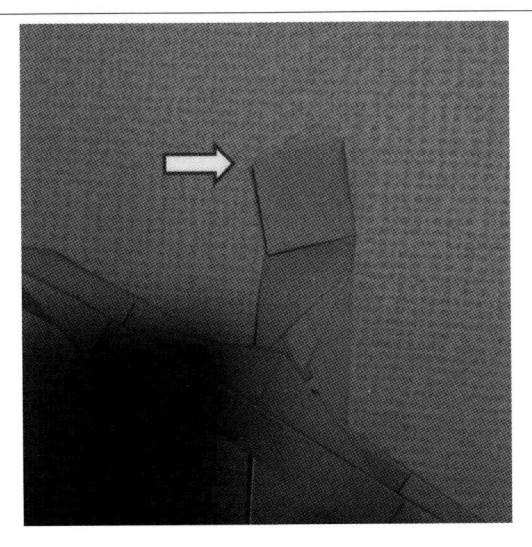

27 裏返してカドを折り返す

折線は強くつけておく

28 [25]まで戻して矢印を基準に内側へ押しこむ

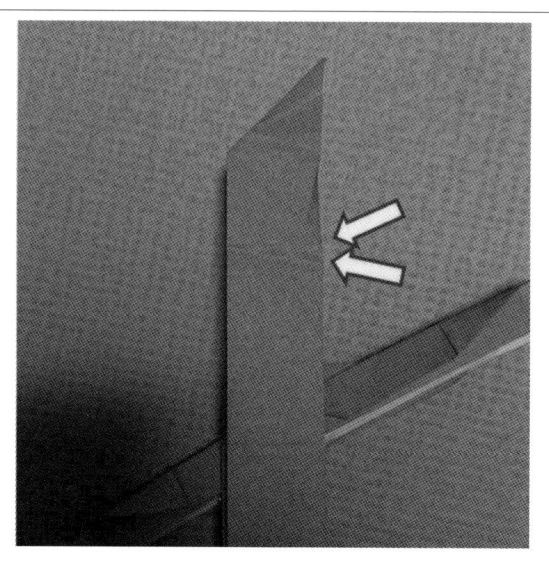

29 真ん中の紙はどちらか片側へ寄せる

30 矢印を基準に内側へ押しこむ

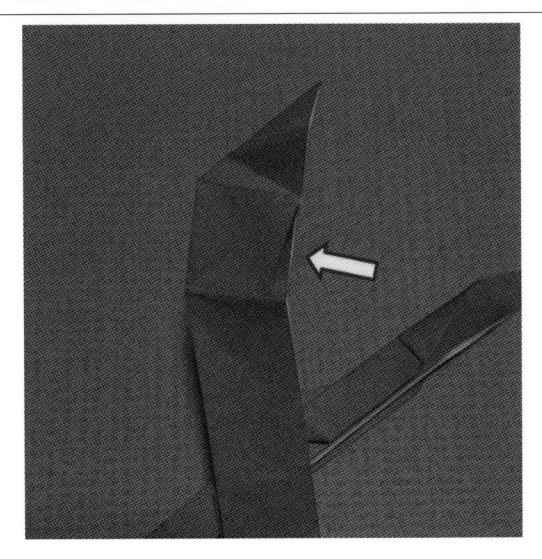

31 反対側も同じ

32 押しこむように「なかわり段折り」

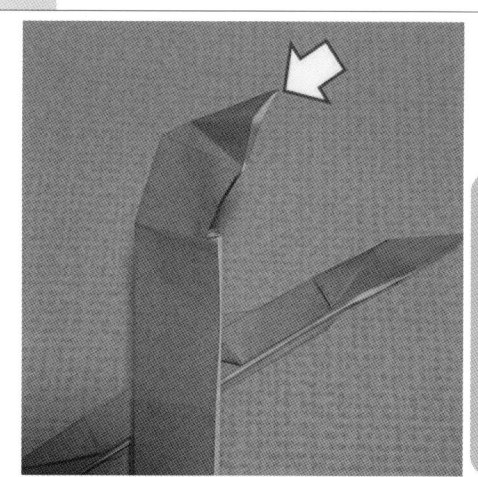

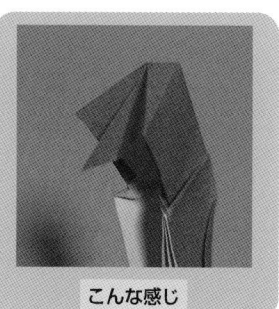

こんな感じ

33 「頭部」の完成

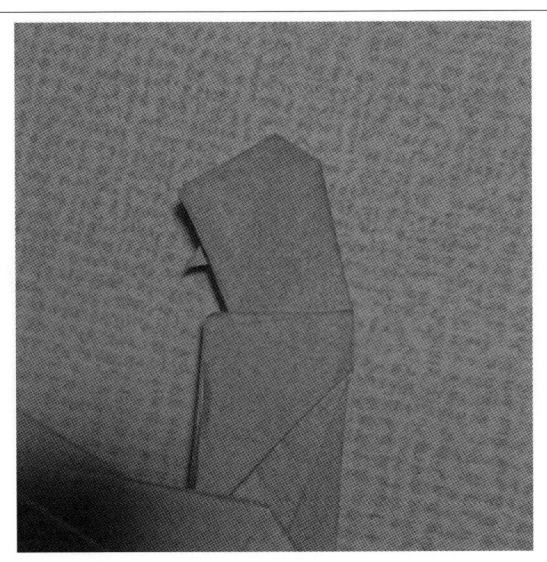

＊

死神の頭ができあがりました。続いて鎌と体も折りあげていきます。

手順
死神の折り方（鎌〜体）

1 カドを折る

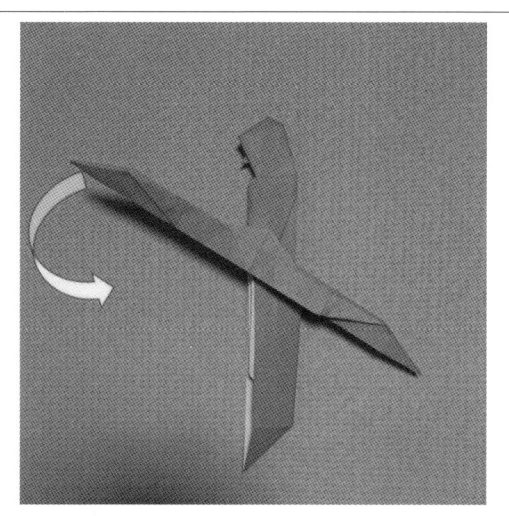

2 強く折り線をつけてから戻す

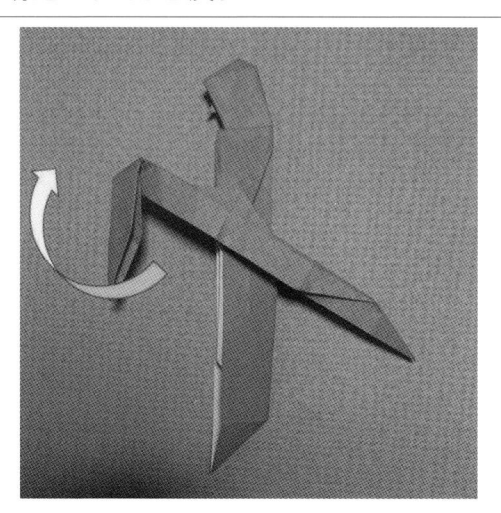

3 「かぶせ折り」をする

4 内側のカドを引き出す

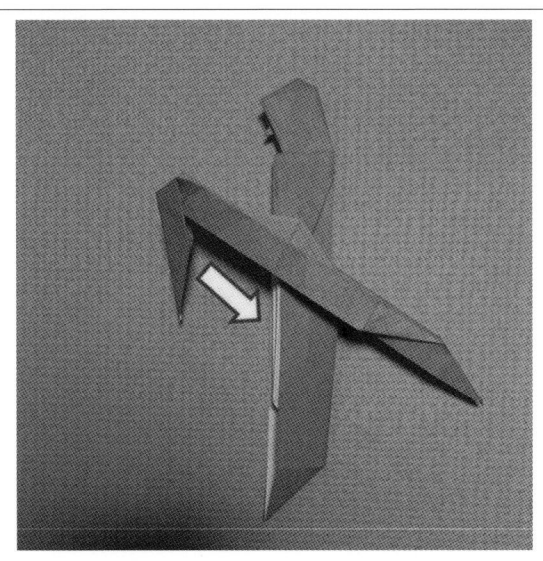

5 矢印部分を押しこんで裏返す

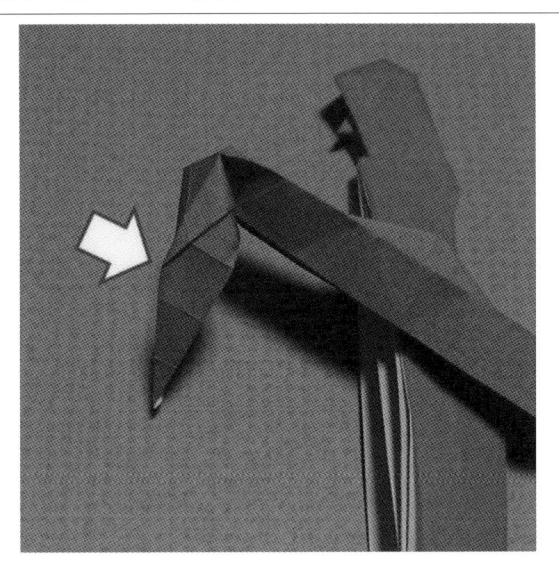

6 ○と○を結ぶ線でめくる

反対側も[4][5]と同じ

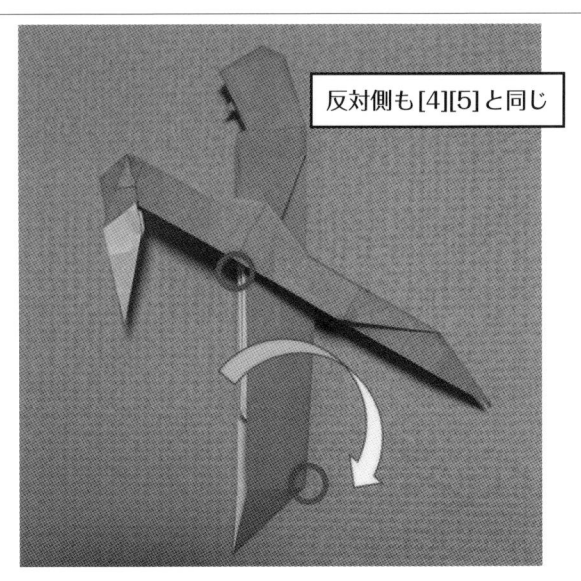

7 裏返す

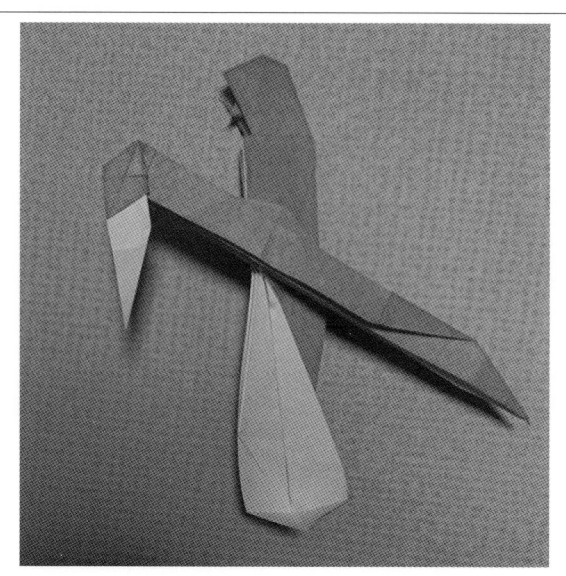

8 ○と○を結ぶ線でめくる

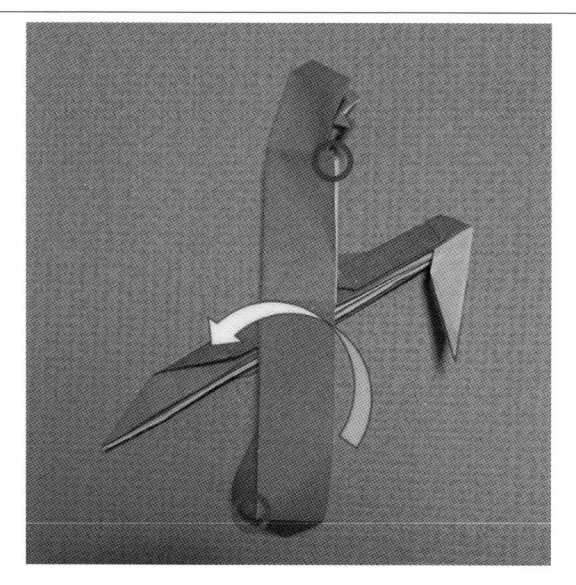

9 めくる

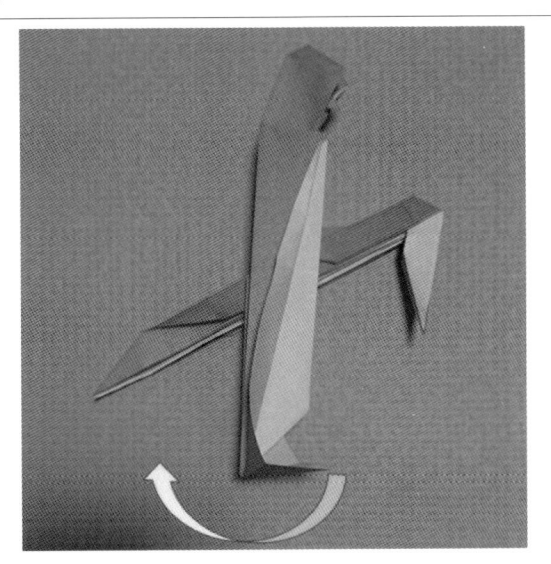

10 ○と○を結ぶ線で折る

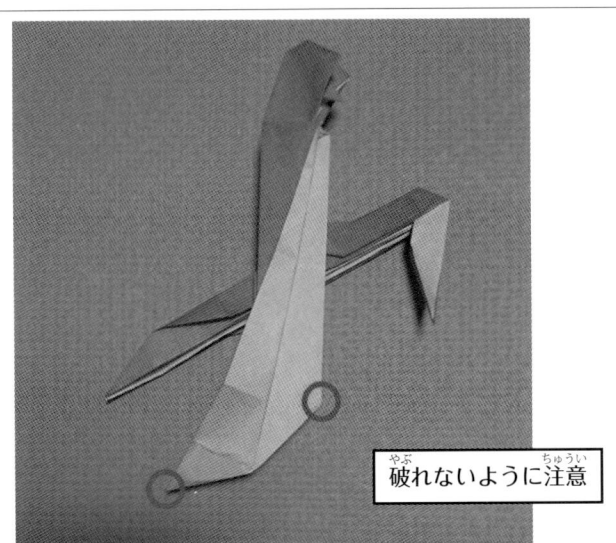

破^{やぶ}れないように注^{ちゅう}意^い

11 矢印部分を広げて立体化させる

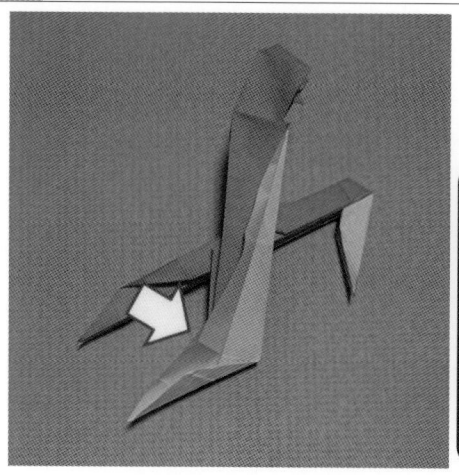

後ろから見たらこんな感じ

12 鎌を細く折って完成

7-3
立たせるには

このままでは自立しません。
作品の「底（そこ）」に100円玉をセロテープで貼り付けると自立します。

いかがでしたか？ぜひ、折ってみてください。

本章で出てきたURLのQRコード

【創作折り紙・折り方】死神
https://www.youtube.com/watch?v=OJ2Dw61mzjc

【よく使う折り方②】紙の内部に「鶴の基本形」- 折り紙へ続く道（山口智之）
https://www.youtaiyamaguchi.com/2021-10-24-111917/

さくいん

［筆者 & 引用元データ］

筆者および本書に掲載した記事の引用元サイトは以下の通りです。

筆者名	山口智之
サイト名	折り紙へ続く道
URL	https://www.youtaiyamaguchi.com/

筆者名	おりがみの時間
サイト名	おりがみの時間
URL	https://origaminojikan.com/

(以上、掲載順)

本書の内容に関するご質問は、
①返信用の切手を同封した手紙
②往復はがき
③E-MAIL　editors@kohgakusha.co.jp
のいずれかで、工学社編集部あてにお願いします。
なお、電話によるお問い合わせはご遠慮ください。

サポートページは下記にあります。

［工学社サイト］
http://www.kohgakusha.co.jp/

I/O BOOKS

簡単なものから大作まで！かわいい&かっこいい立体折り紙
カラフルしゅりけん、ちょうちょ、スズメ、ドラゴン……

2025年4月25日　初版発行　ⓒ2025	編　集	I/O編集部
	発行人	星　正明
	発行所	株式会社工学社
	〒160-0011	東京都新宿区若葉1-6-2 あかつきビル201
	電話	(03)5269-2041 (代) [営業]
		(03)5269-6041 (代) [編集]
※定価はカバーに表示してあります。	振替口座	00150-6-22510

印刷：(株)エーヴィスシステムズ　　　　　　　　　　　ISBN978-4-7775-2297-2